科学技术与社会

科技创新与现代化进程

张云霞 著

中国社会科学出版社

图书在版编目(CIP)数据

科技创新与现代化进程 / 张云霞著. —北京:中国社会科学
出版社,2017.4
ISBN 978-7-5161-8623-7

Ⅰ.①科… Ⅱ.①张… Ⅲ.①技术革新—关系—现代化
研究—江苏省 Ⅳ.①F124.3

中国版本图书馆 CIP 数据核字(2016)第 170123 号

出 版 人	赵剑英	
责任编辑	朱华彬	
责任校对	张爱华	
责任印制	张雪娇	

出　　版	中国社会科学出版社	
社　　址	北京鼓楼西大街甲 158 号	
邮　　编	100720	
网　　址	http://www.csspw.cn	
发 行 部	010 - 84083685	
门 市 部	010 - 84029450	
经　　销	新华书店及其他书店	

印　　刷	北京君升印刷有限公司	
装　　订	廊坊市广阳区广增装订厂	
版　　次	2017 年 4 月第 1 版	
印　　次	2017 年 4 月第 1 次印刷	

开　　本	710×1000 1/16	
印　　张	14	
插　　页	2	
字　　数	228 千字	
定　　价	59.00 元	

凡购买中国社会科学出版社图书,如有质量问题请与本社营销中心联系调换
电话:010 - 84083683

目　录

上篇　科技创新与中国现代化

下篇　科技创新与苏南现代化

上篇 科技创新与中国现代化

第一章　科学技术——现代化的动力之源

一　现代化的理论与现代化的进程

1. 国际现代化研究的主要理论和发展趋势

（1）20 世纪 50—60 年代的早期的现代化理论

自 20 世纪 50 年代早期现代化理论产生，至今大体上已经历了三个阶段。第一个阶段是 20 世纪 50—60 年代的早期的现代化理论；第二个阶段是 20 世纪 70 年代现代化理论的进一步完善和后现代化理论的产生；第三个阶段是 20 世纪 80 年代以后的新现代化理论。

世界的现代化进程首先发端于 18 世纪下半叶的西欧，从英国工业革命开始，又进一步推动了社会经济、政治、文化的巨大变革，在这股巨大的冲力作用下，西欧和北美局部地区首先被卷入了工业化和现代化的大浪潮之中。现代化的第二阶段大约是从 19 世纪下半叶到 20 世纪中叶，这个时期内，英国的现代化继续深入发展，法、德、美、日、俄等国也先后相继现代化；比利时、瑞士、加拿大、澳大利亚、新西兰等，也逐步走上现代化的道路；从 20 世纪开始，亚洲、非洲和拉丁美洲的国家也都先后开始了现代化进程。

20 世纪 50 年代，广大亚、非、拉等第三世界国家先后实现民族解放和独立，为了尽快实现国强民富，纷纷步入工业化的发展道路，与此同时，西方发达国家也迎来了经济长期持续、高速和稳定增长的"黄金"阶段，于是在全球范围掀起了以工业化为主导的现代化高潮。在这种形势之下，早期的现代化理论在美国率先应运而生。

现代化理论的研究在西方产生于 20 世纪五六十年代，早在 50 年代，一批美国社会学家、经济学家和政治学家相继开展了现代化研究，召开了有关的学术研讨会，并出版了一些著作。1951 年 6 月，在美国社会科学研究会经济增长委员会主办的学术刊物《文化变迁》杂志编辑部举办的学术讨论会上，与会学者讨论了贫困、经济发展不平衡等问题，并且首先使用"现代化"一词来描述从农业社会向工业社会的转变特征。1958 年，丹尼尔·勒纳出版《传统社会的消逝：中东现代化》一书，认为从传统社会向现代社会的转变就是现代化。1959 年，美国社会科学研究会比较政治委员会召开了政治现代化讨论会，随后出版了《发展中地区的政治学》（阿尔蒙德和科尔曼，1960）。至 20 世纪 60 年代，一批有影响的现代化研究专著相继问世，如美国学者的《经济成长的阶段：非共产主义宣言》（罗斯托，1960），罗斯托的现代化发展的几个阶段理论中，提出了科学技术的发展和应用在全过程中起决定作用的观点。《日本和土耳其的政治现代化》（沃德和拉斯托，1964），《现代化和社会结构》（列维，1966），《现代化的动力：比较历史研究》（布莱克，1966），《现代化：抗拒与变迁》（埃森斯塔特，1966），《现代化：增长的动力》（维纳，1966），《变化社会中的政治秩序》（亨廷顿，1968）等，现代化理论基本形成。现代化理论逐渐发展成主导世界发展理论的主流学派，它产生了一系列的理论、不同的流派，学者们后来把它们统称为经典现代化理论，这个理论是以工业化、城市化、民主化为核心内涵的。

这一阶段的现代化理论，从不同的角度、在不同的领域开展现代化研究，形成了现代化的理论体系，包括经济现代化、政治现代化、社会现代化、个人现代化和文化现代化。这种早期的现代化理论侧重点在于从不同的学科领域探讨社会的"传统性"与社会的"现代性"的两大特征之间的差异，并且主要对现代社会的"现代性"进行深入地阐述与剖析。如现代社会是工业和服务业占绝对优势的社会，所使用的全部能源中非再生资源占绝对优势；现代社会高度分化，各组织之间的专门化程度和相互依赖程度很高，社会流动率也很高，人口大规模集中于城市；角色和地位的分配主要依据个人的能力和业绩，科层制度普遍发展，家庭功能缩小、地位下降等；现代社会的文化强调理性主义、个性自由、不断进取、效率至上、能力至上等观念。与此同时，一些学者研究了现代化的特征、指标体系。这一时期国际现代化指标体系影响较大的主要有箱根模型、列维模型和布莱克标准、英克尔斯标准。1960 年 8 月底，在日本箱根举行近代日本研究会议，美国著名日本问题专家赫尔和赖肖尔在会上首次提出用"现代化"这个概念作为研究日本近代历史的分析架构。经与会者讨论，日本"箱根会议"提出现代社会具有八项特征：①人口较高地向城市集中，整个社会日益以都市为中心组织起来；②非生物能源高度利用，商品广泛流通，服务性行业发达；③社会成员在广泛空间范围内相互作用，社会成员普遍参与经济和政治事务；④村社和世袭社会群体普遍解体，个人社会流动性增大，个人的社会表现范围更加多样化；⑤伴随个人非宗教地并日益科学地应付环境，普及读写能力；⑥广泛的、具有渗透性的大众传播网；⑦政府、企业、工业等大规模社会设施的拥有，这些设施的组织日益科层化；⑧各庞大人口集团逐渐统一在单一的控制（国家）之下，各国之间相互作用（国际关系）日益加强。① 美国社会学家列维教授的主要著作是《现代化与社会结构》（1962）等，他提出现代化社会的八个特征。美国斯坦福大学英克尔斯教授的主要著作是《走向现代：六个发展中国家的个人变化》等，他提出经典现代化的 11 个标准（英克尔斯标准）。

（2）20 世纪 70 年代以后的现代化理论的进一步完善

20 世纪 70 年代以后，随着发达工业国家的进一步发展，西方发达国家经济社会出现空前的"滞胀"问题，与此同时，非西方社会在经历了初步快速工业化之后，也陷入了明显停滞状态，现代化研究出现新的思潮。这一时期产生了后现代化理论、生态现代化理论、再现代化理论和第二次现代化理论等，取得了丰硕的成果。

由于传统的现代化理论是参照西方社会发展历程而概括出来的，因此，它的普适性首先遭到质疑，早在 20 世纪 60 年代末，现代化理论模式与世界各国现代化的具体实践之间的这种矛盾已开始广泛被人们所认识。一些现代化理论研究的学者开始从不同的立场和角度出发，对早期现代化理论进行批评。这种批评首先是来自西方国家主流社会科学内部，主要有艾森斯塔特、亨廷顿、蒂普斯等人，他们认为早期的现代化理论对"传统"和"现代"这两个概念及其关系理解过于简单，对现代化的过程与道路理解得也过于简单。认为现代化过程是所有社会、所有民族都将经历

---

① 罗荣渠：《现代化新论》，北京大学出版社 1993 年版，第 35 页。

的普遍的进化过程，而西方发达国家已经走过的现代化道路正是非西方国家将要走的道路，理论表达得过于抽象，关于"传统"、"现代"及现代化过程的讨论都停留在最一般的抽象层次上，缺乏具体的、有时空限制的所指对象。在这些学者中间，古斯菲尔德对"传统"与"现代"之间关系的重新考察、艾森斯塔特对现代化具体过程的比较研究、亨廷顿对政治现代化所做的重新分析等，都产生了广泛的影响。

20 世纪 70 年代，美国哈佛大学的政治学教授塞缪尔·亨廷顿归纳了现代化过程的九个特征：①现代化是革命化的过程，从传统社会向现代社会的转变，只能与人类起源的变化和从原始社会向文明社会的变化相比拟。②现代化是复杂的过程，它实际上包含了人类思想和行为一切领域的变化。③现代化是系统的过程，一个因素的变化将联系并影响着其他各种因素的变化。④现代化是全球化的过程，现代化源于欧洲的工业革命的兴起，但是在今天，现代化已成为人类的共同企盼与追求。⑤现代化是长期的过程，现代化所涉及的整个变化需要时间才能解决。⑥现代化是阶段的过程，一切社会现代化的过程有可能划分出几个不同的水平或阶段。⑦现代化是趋同的过程，传统社会存在许多不同的类型，但是现代社会却基本相似。⑧现代化是不可逆的过程，虽然现代化过程中某些方面可能出现暂时的挫折和偶然的倒退，但是在整体上现代化是个长期的趋势。⑨现代化是进步的过程，在转变时期，尤其是在转变初期，代价和痛苦是巨大的；从长远观点来看，现代化增加了全人类在文化和物质方面的幸福。①

西方学者对发达工业国家未来的发展也进行了研究，并提出许多种新的理论，由此构成了"后现代化"理论的基石。例如，后资本主义社会、后工业社会、后现代主义、后现代化理论、知识社会、信息社会、网络社会和数字化社会等。后工业社会是美国社会学家、哈佛大学丹尼尔·贝尔教授在正式出版的《后工业社会的来临》（1973 年）一书中提出的。他认为，人类社会的发展包括前工业社会、工业社会和后工业社会三个阶段，在今后 30 年至 50 年间，发达工业国家将进入后工业社会。后工业社

① 中国现代化战略研究课题组、中国科学院中国现代化研究中心：《中国现代化报告2003——现代化理论、进程与展望》，北京大学出版社 2003 年版，第 4 页。

会的特点是：①经济方面：从产品生产经济转变为服务性经济；②职业分布：专业和技术人员阶层处于主导地位；③中轴原理：理论知识处于中心地位，它是社会革新与制定政策的源泉；④未来的方向：控制技术发展，对技术进行鉴定；⑤制定决策：包括新的"智能技术"。①

后现代主义是相对于现代主义的一种思潮，它建立在对现代主义、现代性和现代化运动的种种问题和局限性的反思和批判的基础上。后现代主义通过对理性专制、人性淡化、精神空虚、生态灾难等"现代病"的揭露和批判，开阔了人们的视野，为未来发展提供了新线索。德国的尼采和海德格尔被认为是后现代主义的先驱，后现代主义的代表人物包括利奥塔、德勒兹、德里达、福柯、拉康和鲍德里亚等。②

随着 1992 年英国学者克茹克等的《后现代化：发达社会的变化》和 1997 年美国密歇根大学教授殷格哈特的《现代化与后现代化》等著作的问世，后现代化理论的建设就已经成形。殷格哈特把 1970 年以来先进工业国家发生的变化称为后现代化，他认为，现代化的核心目标是经济增长，通过工业化和系统的技术应用来扩大有形产品；后现代化的核心目标是使个人幸福最大化，追求生活质量和生活体验。在专业化、世俗化和个性化方面，后现代化是现代化的继续。③

（3）20 世纪 80 年代以后的新现代化理论

20 世纪 80 年代东亚等国家（包括中国在内）非西方国家的经济社会的蓬勃发展，特别是东亚发展模式取得的成功等均为现代化理论研究提供了新的动力源泉和新的研究领域。"现代化理论"重新展示出新的活力，现代化理论在世界发展中产生的影响也与日俱增。后现代化理论有它的局限性，它一方面不能解释后来出现的知识经济、网络经济、信息经济、生物经济等新的经济现象，同时"后现代"这个词在时间上是自相矛盾的概念。于是 20 世纪 80 年代，现代化研究出现了一个新的分支——新现代化研究，主要以德国学者为代表，包括德国的胡伯教授，提出生态现代化理论；还有德国贝克教授提出再现代化理论，或者叫反思现代化理论，是

---

① 中国现代化战略研究课题组、中国科学院中国现代化研究中心：《中国现代化报告 2003——现代化理论、进程与展望》，北京大学出版社 2003 年版，第 8 页。

② 同上书，第 9 页。

③ 同上书，第 9—10 页。

对现代化再进行一次现代化；还有以色列学者提出多元现代性理论等等，流派很多，超越了后现代。

德国马丁·路德大学胡伯教授 1985 年提出了生态现代化理论。胡伯认为，生态现代化是一种利用人类智慧去协调经济发展和生态进步的理论。生态现代化的六个基本原则是：①超工业化原则。开发清洁的、低资源密集的技术和生产过程，大幅度减低经济发展和环境退化的关联性，使现代工业进入新的发展轨道。②政府管理原则。促进"先行者优势"和经济可行的绿色产品，创新生产系统。③综合污染管理。克服污染在生物环境里的转移。④预防原则。要求工业部门通过建立"预防计划"，更多、更及时地处理它们产生的健康和环境灾害。⑤环境责任制度化。要求在所有组织内部建立环境责任，所有公私部门都关心环境质量，把环境问题列入议事日程。⑥决策网络化。建立广泛的机构网络进行决策，对付环境政策的生态对抗和冲突。胡伯指出，可持续发展是生态现代化的一个重要概念；可持续发展是生态现代化的重要目标；生态现代化为可持续发展提供了一种理论和途径。①

1986 年，德国慕尼黑大学贝克教授的《风险社会——走向新的现代性》德文版问世。他在书中提出了后来产生广泛影响的两个概念：风险社会和再现代化。贝克认为，我们的现代世界处于转变之中，即从工业社会向风险社会的转变，在风险社会里，科学和理性成为碎片，知识和权威成为问题，理性和技术的副作用及其风险成为社会关注的问题。贝克认为：世界现代化包括两个阶段，即普通现代化（正统现代化）和再现代化。普通现代化是从传统社会向工业社会的转变，再现代化是从工业社会向风险社会的转变，是消解现代工业社会，是现代化的现代化。再现代化是一个工业社会的创造性破坏的时代，在 19 世纪，普通现代化分解了农业社会的结构，建立了工业社会；与此相似，今天的再现代化正在分解工业社会，并产生另一种现代性，这种新出现的现代性就是"风险社会"，风险社会的出现代表一个新时代的到来。贝克教授的再现代化理论，强调了现代社会的风险性，它认为从工业社会向风险社会的转变，是一种新的

① 中国现代化战略研究课题组、中国科学院中国现代化研究中心：《中国现代化报告2003——现代化理论、进程与展望》，北京大学出版社 2003 年版，第 11—12 页。

现代化。①

2. 国内现代化研究的主要理论和发展趋势

在 20 世纪 100 年里，我国学者的现代化研究，可以分为三个阶段。第一个阶段是在 20 世纪 30 年代的现代化探索，如 1933 年，在上海发行的《申报月刊》就发表了一个"中国现代化问题号"特辑，共发表 26 篇关于现代化的文章，后因战争等原因，这个研究中断了。第二个阶段是 20 世纪 80 年代到 90 年代初，我国学者所开始的经典现代化研究，他们把国外经典现代化理论引进来，又提出中国人自己的观点。比较代表性的著作是北京大学罗荣渠教授的《现代化新论》，是 1993 年出版的。第三个阶段是 20 世纪 90 年代末以来的新型现代化研究，第二次现代化理论研究是其中一个重要的代表。我国现代化研究自 80 年代兴起以来，取得了不少研究成果，如《现代化新论》（罗荣渠主编，1993），《苏南现代化》（胡福明主编，1995），《社会现代化》（孙立平，1988），《第二次现代化》、《第二次现代化丛书》（何传启，1999 年至今），《中国现代化报告》系列（中国现代化报告课题组，2001 年至今），等等。这些研究成果涉及了现代化的多个方面，如对现代化的起点、动力、标准、发展阶段、发展模式等方面的研究。其中有些研究探讨了科学技术与现代化的联系，如罗荣渠在《现代化新论》一书中谈道："推动生产力大发展的多次科技革命就像多级火箭，把现代化引向纵深发展，渗透到社会各个层面。"② 还有学者阐述了三次科技革命与现代化三次浪潮的紧密联系。

中国现代化研究先锋、原北京大学现代化研究中心主任罗荣渠先生，对传统现代化理论做过精彩的总结与概括，他曾把传统现代化的基本特征概括为：民主化、法制化、工业化、都市化、均富化、福利化、社会阶层流动化、宗教世俗化、教育普及化、知识科学化、信息传播化、人口控制化等基本特征。他对传统现代化所持的基本观点是："从历史的角度来透视，广义而言，现代化作为一个世界性的历史过程，是指人类社会从工业

---

① 中国现代化战略研究课题组、中国科学院中国现代化研究中心：《中国现代化报告 2003——现代化理论、进程与展望》，北京大学出版社 2003 年版，第 14—15 页。

② 罗荣渠：《现代化新论》，北京大学出版社 1993 年版，第 144 页。

革命以来所经历的一场急剧变革，这一变革以工业化为推动力，导致传统的农业社会向现代工业社会的全球性大转变过程，它使工业主义渗透到经济、政治、文化、思想各个领域，引起深刻的相应变化。"同时，罗荣渠教授又强调"作为人类近期历史发展的特定过程，把高度发达的工业社会的实现作为现代化完成的一个主要标志也许是适合的"这样一个基本的观点。①

第二次现代化理论是 20 世纪 90 年代末形成的。1998 年中国科学院何传启研究员提出了第二次现代化理论。何传启在《第二次现代化》② 等书中阐述了第二次现代化理论的基本观点：其一，人类文明进程包括四个时代、十六个阶段；其二，现代化指 18 世纪工业革命以来人类社会所发生的深刻变化；其三，世界现代化进程可以分为第一次现代化和第二次现代化两个阶段；其四，两次现代化是紧密相关的；其五，世界现代化进程具有一般规律；其六，两次现代化有不同规律、特点和发展范式；其七，第二次现代化的动力是知识创新、制度创新和专业人才；其八，不同国家启动和完成第一次现代化和第二次现代化的时间是不同的。

第二次现代化理论既与其他现代化理论关系紧密，又有鲜明特点。第二次现代化理论描述的现代化包括两次现代化，其中，第一次现代化就是经典现代化理论阐述的"现代化"，第二次现代化是一种"新现代化"；这种新现代化不仅包括后现代理论、生态现代化理论、再现代化理论和多元现代化等的部分内容，还把各种新的学术研究成果融入其中。③

第二次现代化理论，它继承和吸收了现代化研究前三次浪潮的理论成果，同时又有自己独特的理论观点。它的主要新观点体现在：第一，第二次现代化理论认为，现代化是人类文明进程的最新篇章，是人类文明进程的组成部分，它应该遵循人类文明的发展规律，从而就把现代化理论和人类文明的发展理论统一起来。第二，提出了人类文明发展的周期加速转移论。人类文明进程是有周期的，周期是加速的，从上一个周期到下一个周期，人类文明的中轴和文明的前沿都发生了转移，不同国家和地区的文明

---

① 罗荣渠：《现代化新论》，北京大学出版社 1993 年版，第 16—17 页。

② 何传启：《第二次现代化》，高等教育出版社 1999 年版。

③ 中国现代化战略研究课题组、中国科学院中国现代化研究中心：《中国现代化报告 2003——现代化理论、进程与展望》，北京大学出版社 2003 年版，第 17—20 页。

进程是不同步的。它总结提出了人类文明进程 250 万年的周期表、坐标系、路径图。第三，提出两次现代化的概念。从 18 世纪—21 世纪 400 年里，世界现代化进程可以分为两个阶段。第一个阶段的现代化是第一次现代化，是从农业经济向工业经济，农业社会向工业社会，农业文明向工业文明的转变。发达国家的实践是从 18 世纪 60 年代到 20 世纪 60 年代，这是经典的现代化，它包括工业化、城市化、民主化、理性化、专业化等等。现代化的第二个阶段是第二次现代化，包括从工业经济向知识经济，工业社会向知识社会，工业文明向知识文明，向绿色文明的转变。发达国家的第二次现代化，大约是 20 世纪 70 年代开始，到 20 世纪末完成。第二次现代化是一种新型的现代化，它包括知识化、信息化、网络化、全球化、绿色化等等新的内涵，同时它又是一个非工业化、逆城市化的过程。第四，提出一个综合现代化的概念。就是说在 21 世纪发展中国家赶上发达国家，可以选择一条两次现代化协调发展的道路。形象地说，就是在工业社会和知识社会之间，挖掘一条人工运河，采用这种所谓的运河战略，才有可能迎头赶上发达国家的先进水平。总而言之，第二次现代化理论，包括第一次现代化、第二次现代化和综合现代化。

二　科技创新理论

1. 熊彼特创新理论

美籍奥地利经济学家约瑟夫·熊彼特于 1912 年在其成名之作《经济发展理论》中首次提出了"创新"的概念，并从经济学角度把创新看成是生产函数的变动，是把从来没有过的关于生产要素与生产条件的"新组合"引入生产体系，使技术体系发生变革，以获取企业家利润或潜在的超额利润的过程。在熊彼特首先提出的创新概念中，创新成为以企业家为主要角色的企业行为。

约瑟夫·阿洛伊斯·熊彼特（Joseph A. Schumpeter），1883 年出生在奥匈帝国摩拉维亚省一个犹太人的纺织品制造业者家庭，1901 年就读于维也纳大学，攻读法律和经济，毕业后担任埃及政府顾问期间，于 1908 年出版了第一部著作《理论经济学的本质与内容》。1912 年熊彼特以德文发表《经济发展理论》，对经济发展，包括"企业家"的特点和功能、

"生产要素的新组合"、"创新"的含义和作用等问题，作了开创性的论述。此书于 1926 年修订再版，几年后又重印了德文第三版，1934 年被译成英文，由美国哈佛大学出版。熊彼特 1932 年迁居美国。他的主要著作还有：1939 年出版的《经济周期》、1942 年的《资本主义、社会主义和民主》、1954 年的《经济分析史》等。熊彼特的"创新"理论是其经济学说的核心。

熊彼特在《经济发展理论》第二章"经济发展的基本现象"中阐述了"经济体系中的创新"的概念，他提出企业家的创新活动是推动经济发展的根本动力和原因。熊彼特指出："生产意味着把我们所能支配的原材料和力量组合起来。生产其他的东西，或者用不同的方法生产相同的东西，意味着以不同的方式把这些原材料和力量组合起来。"发展，"可以定义为实现新的组合"。接着他论述了新的组合的内容："这个概念包括下列五种情况：①采用一种新的产品——也就是消费者还不熟悉的产品——或一种产品的一种新特性。②采用一种新的生产方法，也就是在有关的制造部门中尚未通过经验检定的方法，这种新的方法决不需要建立在科学上新发现的基础之上，并且，也可以存在于商业上处理一种产品的新方式之中。③开辟一个新市场，也就是有关国家的某个制造部门以前不曾进入的市场，不管这个市场以前是否存在过。④取得原材料或半制成品的一种新的供应来源，也不问这种来源是已经存在的，还是第一次创造出来的。⑤实现任何一种工业的新的组织，比如造成一种垄断地位（例如通过'托拉斯化'），或打破一种垄断地位。"①

按照熊彼特的观点，所谓"创新"，就是"建立一种新的生产函数"，也就是说，把一种从来没有过的关于生产要素和生产条件的"新组合"引入生产体系。在熊彼特看来，作为资本主义"灵魂"的"企业家"的职能就是实现"创新"，引进"新组合"。所谓"经济发展"也就是指整个资本主义社会不断地实现这种"新组合"而言的。

2. 技术创新的新古典学派

技术创新的新古典学派以索洛（S. C. Solow）等人为代表，认为技术

---

① 熊彼特：《经济发展理论》，邹建平译，中国画报出版社 2012 年版，第 69 页。

创新是经济增长的内生变量，是经济增长的基本因素，技术与其他商品一样存在公共商品、创新收益和非独占性、外部性等市场失败，适当的政府干预将极大地促进技术创新的进行，并建立了著名的技术进步索洛模型，专门用于测度技术进步对经济增长的贡献率。1957年索洛在其发表的《技术进步与总量增长函数》一文中，对美国1909—1949年间私营非农业部门的劳动生产率发展情况进行实证分析，结果发现在此期间，每人小时的总产出（国民生产总值）翻了一番，其技术进步的贡献占了87.5%，而其余12.5%则是依靠资本投入量的增加，即劳动生产率提高的主要贡献来自于技术进步。在继续深入研究技术进步对经济增长作用的同时，新古典学派还开展了技术创新中政府干预作用的研究，提出当市场对技术创新的供给、需求等方面出现失效时，或技术创新的资源配置不能满足经济社会发展要求时，政府应当采取金融、税收、法律，以及政府采购等间接调控手段，对技术创新活动进行干预，以提高技术进步在经济发展中的促进带动作用。[1]

1957年，索洛在《经济学和统计学评论》上发表了《技术变化和总量生产函数》一文，发展了生产函数的理论，把柯布—道格拉斯生产函数形式本身和"技术水平恒定"的限制加以改进，从希克斯中性技术进步出发，推导出增长速度方程，分离出技术进步的作用，指出了经济增长中技术进步所做的巨大贡献。[2]

3. 技术创新的新熊彼特学派

熊彼特的创新理论在进一步的发展中被扩展为两个主要分支：一是技术创新，主要以技术创新、市场创新为研究对象；二是组织创新，研究组织变革与制度创新。从狭义的创新概念来看：创新主要是技术创新，美国卡内基理工学院和耶鲁大学教授、经济学家曼斯菲尔德认为，一项发明当它首次被商业应用时，可以称之为技术创新。由此企业家和企业是创新的唯一主体。从广义的创新概念来看：创新不仅是技术方面的，还包括制

---

① 彭靖里、邓艺、李建平：《国内外技术创新理论研究的进展及其发展趋势》，《科技与经济》2006年第4期。

② 高洪深编著：《知识经济学教程》（第四版），中国人民大学出版社2010年版，第111页。

度、组织等多个方面，由此创新的主体也不仅是企业，还包括政府、科研机构、大学等不同角色，即创新主体是多元的，表现为不同参与者和机构交互作用的网络。

现代技术创新理论正是在熊彼特创新理论的基础上衍生和发展起来的。技术创新的新熊彼特学派以曼斯菲尔德、卡曼等人为代表，该学派坚持熊彼特创新理论的传统，强调技术创新和技术进步在经济发展中的核心作用，认为企业家是推动创新的主体，侧重研究企业的组织行为、市场结构等因素对技术创新的影响，提出了技术创新扩散、企业家创新和创新周期等模型。通过对技术创新与市场结构关系的实证分析和深入研究，新熊彼特学派认为当市场结构处于完全竞争与完全垄断之间，即垄断竞争和寡头垄断状态时，由于存在一定程度的垄断，又保持一定程度的竞争，该市场结构最有可能促进技术创新，而且可能出现重大的技术创新。技术创新是由一些追随熊彼特的当代经济学家所发展的理论，其中包括埃得温·曼斯菲尔德的"技术推广模式"，英国经济学家克莱夫·特列比尔科克的"部门间技术扩散"，卡曼和施瓦茨的"技术创新与市场结构的关系"，曼斯菲尔德、维尔金斯的"国家间技术转移"等，他们从不同角度阐述了当代的技术创新理论。

（1）技术推广模式

曼斯菲尔德对创新理论的发展主要是对模仿和"守成"的研究，模仿率是以首先采用新技术的企业为榜样的其他企业采用新技术的速度，这是一种技术上的"创新"如何在本部门逐步推广，如何被其他企业相继采用的关键。

曼斯菲尔德通过设定一系列的前提条件和假设，得出结论：第一，模仿比例与模仿率成正比。如果采用某种新技术的企业占该部门企业总数的比例增大，守成企业采用新技术的可能性就增大。第二，相对盈利率与模仿率成正比。第三，采用新技术所要求的投资额越大，资本供给来源越困难，所要求的投资占企业资产总额之比，与模仿率成反比。

曼斯菲尔德的"技术推广模式"试图说明一种新技术首次被某个企业采用后，要多长时间才能被该部门多数企业采用。据分析，美国有的新技术，如连续采煤机在几年之内就得到推广，有的新技术如摘棉机则拖延了半个世纪左右。模仿率差别大的原因，可从技术推广模式中对有关因素的分析和估算得到解释。曼斯菲尔德的分析建立在一些纯理论的假定基础上，与现实有相当差距，他的"技术推广模式"是一种理想化的模式，所研究的技术推广是在一个部门内部的推广。实际上技术推广不仅在本部门内部进行，还会对其他部门扩散。

（2）部门间技术扩散

英国经济学家克莱夫·特列比尔科克主要研究部门间的技术扩散，其主要论点是：一个时代的先进技术集中反映于武器生产技术上，要研究部门间的技术扩散，就应研究军事工业中最先采用的先进技术传播到民用工业各部门的过程。军事工业中的先进技术对民用工业各部门的技术变革的影响主要通过两种方式进行：一是军工部门首先采用的许多生产技术为民用工业部门相继采用类似的新技术创造了条件；二是军工部门使用过先进生产技术的熟练工人有可能转入民用工业部门工作，也就把新技术传播开来。军事工业使用的新生产技术刺激其所需要的某些类型和质量的原料和燃料的生产，民用工业采用新技术时，也能得到同类型和同质量的原料、燃料供应，军工部门所积累的生产管理经验，也可供采用新技术的民用工业部门参考。优先发展具有先进技术水平的军事工业，不仅具有军事、政治、经济的重要意义，而且在部门之间推广新技术、带动民用工业的技术变革方面也具有重要意义。

（3）技术创新与市场结构的关系

莫尔顿·卡曼和南赛·施瓦茨研究了技术创新与市场结构的关系，他们提出：竞争程度、企业规模和垄断力量是决定技术创新的重要因素。竞争引起技术创新的必要性，企业规模影响技术创新所开辟的市场规模，垄断力量则影响技术创新的持久性。介于垄断和完全竞争之间的市场结构最有利于技术创新，此时存在"中等程度的竞争"，技术创新的速度最快，技术的内容也比较有价值。技术创新可以分成垄断前景推动的技术创新和竞争前景推动的技术创新。前者指一个企业由于预计自己所进行的创新能够获得利润的前景而采取的创新；后者是由于企业担心产品可能在竞争对手模仿或创新之下丧失利润从而采取的创新。如只有前一种创新，则创新活动到一定阶段就会停止；只有后一种创新，则创新活动很难出现。

（4）国家间技术转移

曼斯菲尔德把国家间的技术转移分为两类：一类是垂直转移：把一国

的基础科学研究成果用于别国的应用科学中，或把一国关于应用科学的研究成果应用于别国的生产领域。这种转移主要涉及科学技术情报的转移；另一类是水平转移：指一国已用于生产的新技术转变用于别国的生产领域。这种转移还包括物质转移（出口产品）、设计转移（图纸）、能力转移（由甲国输入的新技术结合乙国条件在乙国形成生产能力）。其中能力转移十分重要，技术人才是能力转移的必不可少的条件。曼斯菲尔德认为国际技术转移的成本包括：专利和特许使用费；技术转移的资源成本；使用新技术初期，由于较低的劳动生产率和较差的产品质量所带来的效率损失；为使引进技术适应于国情而支付的消化吸收费用。

米拉·维尔金斯主要研究了国家间技术转移的如下问题：第一，技术转移的分类，可分为简单技术转移和技术吸收；第二，技术转移的障碍，有来自技术输出国方面的障碍和来自技术引进国的障碍；第三，技术转移的途径，包括向国外输出新技术的途径和从国外得到新技术的途径。

4. 制度创新理论

当代西方经济学家认为除了有技术创新外，还有制度创新。制度创新学派以美国经济学家兰斯·戴维斯和道格拉斯·诺斯等人为代表，该学派利用新古典经济学理论中的一般静态均衡和比较静态均衡方法，对技术创新的外部环境进行制度分析，认为由于技术创新活动存在个人收益与社会收益的巨大差距，改进技术的持续努力只有通过建立一个能持续人们创新的产权制度，以提高个人收益才会出现。制度创新决定技术创新，好的制度选择会促进技术创新，不好的制度设计将扼制技术创新或阻碍创新效率的提高。戴维斯和诺斯在 1971 年出版了《制度变革和美国经济增长》，对制度创新理论做了较系统的论述。

（1）制度创新及其影响因素

制度创新指能使创新者获得追加利益的现存制度的变革。它往往是采用组织形式或经营管理形式方面的一种新发明的结果，只有在预期纯收益超过预期成本时制度创新才成为可能。制度创新与下述因素有关，一是市场规模的扩大引起改革现有制度的需要。二是生产技术的发展。一方面，使较复杂的生产组织和经营管理形式变为有利可图；另一方面，生产的积聚、人口的集中会促成制度创新，以取得潜在的利益。三是一定社会集团对自己的收入预期的改变，需要制度创新使自己适应预期收入改变后的地位或阻止预期收入朝不利于自己方向的变化。

（2）制度创新的过程、步骤和延时的原因

制度发展的过程是从制度均衡到制度创新，再到制度均衡，又再到制度创新的过程。制度创新分为五个步骤：第一，形成第一行动集团，即预见到潜在利益，并认识到只要进行制度创新就可以得到潜在利益的决策者；第二，提出制度创新的方案，或等待制度方面的新发明以形成可行方案；第三，按最大利益原则比较和选择可供选择的制度创新方案；第四，形成第二行动集团，即在制度创新过程中帮助第一行动集团获得利益的单位，它能促使第一行动集团的制度创新方案得到实现；第五，第一行动集团和第二行动集团共同努力，实现制度创新。制度创新延时的原因：一是现存法律限定的活动范围，不允许制度上创新，则只有修改法律之后，才能制度创新；二是制度方面新的安排代替旧的安排所需要的时间；三是需要时间以等待制度方面的新发明。

（3）制度创新主体及政府进行制度创新的特点

制度创新可由个人进行，或由合作团体进行，也可由政府机构进行。究竟由哪一级水平进行要根据预期纯收益的大小来决定。由政府进行制度创新的特点：一是私人市场未充分发展时，只有政府创新才能获得潜在利益；二是如果获取潜在利益受到私人财产权的阻碍时，只有由政府来独任第一行动集团，发挥其强制力量；三是如果潜在利益将归全体社会成员，而不归个别成员所有时，由于谁都不愿担负创新费用，这种制度创新只能由政府实行；四是若某种制度创新涉及强制性的收入再分配时，只有靠政府实行；五是在实行制度创新时，需要付出成本，个人往往难以承担巨大的费用，合作团体需要协商，因此由政府进行制度创新是比较合算的；六是政府进行的制度创新，社会成员并不具有任意退出的权利。戴维斯和诺斯认为上述制度创新理论可以用来解释历史上制度创新的原因和过程，而且可以预测未来制度创新的方向和趋势。[①]

制度创新学派在充分肯定制度创新对技术创新的决定性作用的同时，

---

① 高洪深编著：《知识经济学教程》（第四版），中国人民大学出版社 2010 年版，第116—120 页。

也并不否定技术创新对改变制度安排的收益和成本的普遍影响，认为技术创新不仅可以增加制度安排改变的潜在利润，并且可以降低某些制度安排的操作成本，从而使建立更为复杂的经济组织和股份公司变得有利可图。

5. 国家创新系统理论

20 世纪 80 年代，创新理论又有了新发展，出现了"国家创新系统"理论。技术创新的国家创新系统学派以英国学者克里斯托夫·弗里曼、美国学者理查德·纳尔逊等人为代表，该学派通过对日本、美国等国家或地区创新活动特征的实证分析，认为技术创新不仅仅是企业家的功劳，也不是企业的孤立行为，而是由国家创新系统推动的。国家创新系统是参与和影响创新资源的配置及其利用效率的行为主体、关系网络和运行机制的综合体系，在这个系统中，企业和其他组织等创新主体，通过国家制度的安排及其相互作用，推动知识的创新、引进、扩散和应用，使整个国家的技术创新取得更好绩效。国家创新系统理论侧重分析技术创新与国家经济发展实绩的关系，强调国家专有因素对技术创新的影响，并认为国家创新体系是政府企业、大学研究机构、中介机构等为寻求一系列共同的社会经济目标而建立起来的，将创新作为国家变革和发展的关键动力系统。由此，弗里曼提出了技术创新的国家创新系统理论，将创新主体的激励机制与外部环境条件有机地结合起来，并相继发展了区域创新、产业集群创新等概念和分支理论。"国家创新系统"概念深化发展了创新的内涵，从强调要素转向强调结构，不仅关注各要素（企业、政府、学术界）各自的创新功能，还关注不同行动者之间的整合和互动，即强调了创新系统的整体功能，体现了创新实践发展的时代特点。

20 世纪 90 年代后，许多国家和国际组织都加强了国家创新系统的研究，并以此作为制定科技政策、甚至国家政治和经济政策的基础。国家创新系统理论综合了知识创新、技术创新、组织创新、制度创新等创新理论，深化和发展了创新理论。OECD 在 1996 年《以知识为基础的经济》研究报告中认为：在以知识为基础的经济中，"国家创新体系的结构是一个重要的经济决定因素，这种结构由工业界、政府和学术界之间在发展科学和技术方面的交流和相互关系构成"。国家创新系统是国家层次上对科学技术的社会运行过程，即科学技术知识的产生、交流、传播与应用过程的体制化，它要求政府、产业界、学术界等各有关部门相互作用形成推动创新的网络。

6. 自主创新理论

21 世纪初，创新理论在我国得到了进一步深化，2006 年我国发表《国家中长期科学和技术发展规划纲要（2006—2020 年）》，其中明确提出了自主创新概念。这一概念结合创新的时代特点、结合我国作为现代化后发国家的特点，促进了创新理论特别是技术创新理论的进一步发展，体现了技术创新的本质，自主创新概念的提出是创新理论特别是技术创新理论在中国的新发展。

《国家中长期科学和技术发展规划纲要（2006—2020 年）》中明确了自主创新的内涵：自主创新就是从增强国家创新能力出发，加强原始创新、集成创新和在引进先进技术基础上的消化吸收再创新。其中一是强调原始性创新，努力获得更多科学发现和技术发明；二是强调集成创新，使各种相关技术有机融合，形成具有市场竞争力的产品或产业；三是强调对引进先进技术的消化、吸收和再创新。自主创新概念的提出是我国走中国特色创新道路的体现，这一中国特色自主创新道路，其核心就是要坚持自主创新、重点跨越、支撑发展、引领未来的指导方针。

第一，自主创新概念的提出具有现实针对性。一方面主要针对我国缺乏自主知识产权的现状。自主创新内涵的三个方面恰恰就是我国科技和经济发展中亟须解决的三大薄弱之处；另一方面也是针对当今科技经济发展的国际新趋势，知识产权越益重要，世界产业链分工逐步形成，谁拥有知识产权谁就占有了相关产业链的高端，经济竞争已演变为自主知识产权的竞争。因此，自主创新概念的提出既反映了我国科技发展的要求，又反映了时代发展的特征，具有重要现实意义。

第二，自主创新概念揭示了技术创新的根本实质，深化和发展了技术创新理论。自主创新概念的提出是我国结合自身国情和世界经济科技发展新趋势，对创新理论特别是技术创新理论的新发展，技术创新是一个反映20 世纪以来科技经济一体化特征的概念，技术创新的根本之处是拥有自主知识产权，是掌握核心技术的所有权，自主知识产权集中体现了知识经济时代科技成果与经济效益的紧密结合。当今国际经济秩序下，知识产权身上既有科技，又有经济效益。抓住自主知识产权，抓住自主创新，也就是抓住了技术创新的本质。

第三，自主创新概念进一步明确了技术创新的三个层次，即从消化吸收再创新到集成创新再到原始创新，丰富了技术创新的内涵。从技术发明的来源上区分了三种由低级到高级不同的技术创新类型，也从技术发明的类型角度指明了技术创新的三个发展阶段，在第一阶段，主要是进行技术的引进与消化吸收再创新，缩短与先进国家的距离，并缩小国内不同地区、不同行业的差距，达到初等发达现代化水平。在第二阶段，主要是通过进一步的集成创新融合各种技术，改善经济结构、增强经济实力，达到中等发达现代化水平。在第三阶段，主要是通过原始创新进入世界领先行列，达到发达国家现代化水平。

第四，自主创新概念的提出体现了多种创新形式互动和创新理论系统化发展的趋势。自主创新主要是以技术创新为主，但又不仅仅局限于技术创新，是在建设国家创新系统背景下提出的，也包括制度创新、组织创新、知识创新等。因为要加强技术创新，就必须在制度、机制、组织等方面作相应的改革，技术创新与制度创新、组织创新、知识创新具有密切的联系。我国的"自主创新"主要是针对经济、技术领域的，但又不应当被片面地单纯理解为技术创新，还应包括哲学社会科学的创新、管理体制与政治体制的创新等。它应当涵盖我国经济和社会活动中的各方面，是一种全方位的创新。

三 现代化与科技创新的本质联系

1. 现代化的基本内核和动力源是科学技术

现代化，英文为 modernization，产生于 18 世纪，具有两个基本词义：①成为现代的，适合现代需要；②大约公元 1500 年以来出现的新特点、新变化。可见，现代化既是指实现现代化的过程，又是指实现现代化后的状态，它的两个基本内涵即：①指发达国家 16 世纪特别是工业革命以来发生的深刻变化。②指发展中国家在不同领域追赶世界先进水平的发生过程。①

---

① 中国现代化报告课题组：《中国现代化报告 2001》，北京大学出版社 2001 年版，第 70—71 页。

现代化的定义表明，现代化是由工业革命推动而导致的社会各方面的深刻变化。从现代化的基本领域看，现代化是包括经济、政治、社会、文化、个人等社会诸方面的深刻变革在内的系统工程。在经济现代化、政治现代化、社会现代化、文化现代化和个人现代化这几者的关系中，经济现代化是基础和主线，它推动政治、社会、文化和个人的现代化。经济现代化推动政治现代化，使国家机构更加民主化和法制化；它推动社会现代化，使社会组织结构和人们的社会生活发生变化；经济、社会、政治的发展又提炼和结晶为文化的现代化，使各种文化现象和作品充满现代气息；现代化的最终要求是人的现代化，改变人的素质，实现传统人向现代人的飞跃，实现人的思想价值观念、情感心理和行为方式的现代化。作为社会经济发展中的最终动力的生产力，特别是科学技术这个生产力的决定因素，对整个现代化系统起到最根本的推动作用。

再从现代化的定量评价指标来看，也能得出发展科学技术是现代化的核心内容的结论。根据中科院中国现代化研究中心提出的评价模型，可以把现代化的评价指标分为 16 个，以高收入国家近年发展指标的平均值为例，这 16 个指标的具体参数如下：①R&D/GDP：2.4%；②从事 R&D 活动的研究人员全时当量/万人：40.1；③居民申请国内发明专利数/万人：7.8；④知识产权出口收入占 GDP 比例：0.5%；⑤中学普及率：101%；⑥大学普及率：78%；⑦人均知识产权进口费用：176 美元；⑧互联网普及率：79%；⑨新生儿平均预期寿命：81 岁；⑩按购买力平价 PPP 计算的人均国民收入：41120 国际美元；⑪每千例活产婴儿在 1 岁内的死亡率：4‰；⑫人均商业能源消费：4675 千克石油当量；⑬人均国民收入：43723 美元；⑭单位 GDP 的能源消耗：0.1 千克石油当量/美元；⑮农业和工业增加值占 GDP 的比例：25.3%；⑯农业和工业劳动力占总就业劳动力比例：25.8%。① 其中第 1、2、3、4 条是科技投入与产出指标，属科技知识的创新指标，第 5、6、7、8 条是教育发展、传播指标，属科技知识普及指标，第 9、10、11、12 条是人的生活质量发展指标，属科技知识的应用指标，第 13、14、15、16 条是经济质量指标，亦是科技知识的

① 何传启主编，中国现代化战略研究课题组、中国科学院中国现代化研究中心：《中国现代化报告 2014—2015——工业现代化研究》，北京大学出版社 2015 年版，第 413—420 页。

应用指标。可见,前 8 条本身是科技指标,后 8 条则可以通过发展科技应用来达到。

2. 科技创新成为内生驱动力是现代化发展的规律性要求

(1) 科技创新成为内生驱动力的含义和条件

所谓内生驱动力无疑是包含于而不是外在于现代化的体系,并与现代化的其他诸要素相互作用的一个动力要素,科技创新是内生驱动力的含义可以从科技与社会的互动角度考察,从两个方面去理解:首先,科技创新是现代化进程中的重要推动力,科技创新通过推动作为社会经济发展中的最终动力的生产力,而对现代化进程起到了核心动力的作用。其次,科技创新是经济社会发展和现代化过程中的内在需求所致,即经济社会发展过程中存在对科技创新的强烈需求,形成对科技创新的激励机制,从而引导和促进科技创新,并通过科技创新满足经济社会发展的需要。在一个国家、一个地区的现代化进程中,科技创新不应该是外在的一种要求,而应是内在于现代化系统的并受到现代化系统的内在需求所激励的动力因素。

一个社会的科技创新要成为内生驱动力需要一定的条件:首先,在科技创新产生的源头上要有充足的科技创新成果和科技创新人才,这就要求有充足的科技经费投入和创新型科技人才资源的投入。其次,在科技创新的需求上,社会要有对科技创新的有效需求,即社会经济发展的需求要导向对科技创新的需求,这就要有体制、政策和机制的支持。在体制上,要有比较完善的市场经济体制,市场经济是科技经济、效益经济;在政策和机制上,既要有保护科技创新的政策,又要有堵住企图利用其他手段以满足社会经济需求的政策,并且加以严格执行,还要有成功进行科技创新的传统,"有特定的文化背景"(R. K. 默顿,1938),使人们习惯于采用科技创新的方式而不是其他途径来应对社会经济发展的需求。最后,在科技创新与经济社会的通道上要有使两者紧密结合的载体和机制,如科技型企业、科技园区、科技中介、产学研结合等,这些载体和机制能够实现有效的运行。

(2) 现代化的内涵和历史进程表明科技创新必须成为内生驱动力

关于现代化进程的系统研究开始于 20 世纪 50 年代,产生了丰富的理论成果,如经典现代化理论、后现代化理论、生态现代化、再现代化理论、第二次现代化理论等，综合这些理论成果对现代化含义的研究，尤其是根据第二次现代化理论，可以把现代化定义为18世纪工业革命以来人类社会所发生的深刻变化，它包括从传统经济向现代经济、传统社会向现代社会、传统政治向现代政治、传统文明向现代文明转变的历史过程及其变化。现代化可以分为两个阶段（两次现代化），第一个阶段（第一次现代化）是从农业文明向工业文明的转变过程，是以发展工业经济为特征的经典现代化，其发展动力是投资、技术进步、工业化、城市化等，经济发展是第一位的，满足人类物质追求和经济安全；第二个阶段（第二次现代化）是从工业文明向知识文明的转变过程，是以发展知识经济为特征的新现代化，其发展动力是知识创新、制度创新、人力资本和专业人才等，追求生态化、幸福最大化，标志是知识化，生活质量是第一位的，满足人类幸福追求和自我表现，物质生活质量可能趋同，但精神文化生活高度多样化（何传启，2003）。发达国家从20世纪70年代起，已进入现代化的第二阶段，追求知识化、生态化、幸福最大化、创新等。从现代化的领域看，现代化是包括经济、政治、文化、社会、个人、生态等诸方面的深刻变革在内的系统工程。以上关于现代化内涵的分析表明，科技创新是现代化的两个阶段尤其是第二次现代化过程中的重要的内在驱动力，科技创新也成为满足人类物质追求和幸福追求的主要手段。

科技创新推动了现代化进程的不断深入。历史上发生的三次科技革命引发了三次现代化浪潮，现代化的第一次浪潮是从18世纪后期到19世纪中叶，从英国工业革命开始，与蒸汽机在生产中的应用为标志的第一次科技革命密切相关。这次革命使生产力从手工生产力发展到机器生产力，又进一步推动了社会经济、政治、文化的巨大变革，西欧和北美局部地区首先进入了现代化浪潮。现代化的第二次浪潮是从19世纪下半叶到20世纪中叶，与电在生产中的应用为标志的第二次科技革命紧密相关，这次科技革命使人类从蒸汽时代进入电气时代，生产力得到更大的发展，在英国的现代化继续深入发展的同时，法国、德国、美国、日本、俄国等也先后相继现代化。现代化的第三次浪潮开始于20世纪下半叶，与电子和原子能技术为标志的第三次科技革命紧密相关。这次科技革命极大地提高了劳动生产率，使人类迎来了信息时代，使现代化走上了新的阶段，更多的国家进入了现代化的行列，发达国家开始向知识化迈进。因此，在世界现代化进程中，科技创新是支撑发展、引领未来的重要的内在驱动力量。

四　科技创新推动世界现代化进程

1. 科学技术的发展对现代化推动作用的理论考察

科学技术具有多种属性和功能，它在推动现代化进程中，起到了决定性的作用。

第一，科学技术具有多种属性，已成为现代化进程的决定性因素。

首先，科学技术的累积进步性特点，奠定了科学技术作为现代化动力源的地位。科学技术不同于其他的社会意识形式，它具有强烈的继承性，是在连续不断的积累中发展的，科学技术的成果世代相继，使科技得以迅速发展。恩格斯曾指出，科学的发展同前一代人遗留下的知识量成比例，是按几何级数发展的。科学技术的这种累积进步性，正是现代化进程的最基本的动力源。

其次，科学技术的渐进性与飞跃性相统一的特点，决定了现代化发展过程中的阶段性。科学和技术都既有连续性、又有间断性，即科学进化与科学革命的不断交替，技术革新与技术革命的不断交替。科学技术的渐进时期，对应现代化的平稳发展时期，而历史上的三次科技革命，则引发了现代化的三次浪潮，每次科技革命都使现代化实现一次新的飞跃。

最后，科学技术发展的不平衡性特点决定了现代化具有先发和后发之区别。科学技术在同一时期的不同国家、地区、学科、行业之间会有不平衡性，有些国家、地区的科学技术更先进，成为世界科学技术的中心，有些学科、行业更领先，成为带头学科、带头行业，于是，在各个国家、地区、学科、行业之间就存在着科技梯度，在一定的条件下就会引起科技转移。科技发展的不平衡性使世界现代化进程也呈现出不同步性，一是出现先发国家和后发国家的区别，一些国家是原发式现代化国家，如：以英国、法国、德国和美国为代表的最先实现工业化的资本主义国家的发展模式，它们都曾经是或者现在仍然是世界科技的中心。另一类是后发式现代化模式，指以日本为代表的后实现工业化的资本主义国家和目前正在向工业化目标前进的第三世界国家的发展模式，它们采用引进、消化、吸收科技高的成果的办法，发挥后发优势追赶先进国家。二是出现现代化各指标之间发展的不平衡性，一些指标的发展程度高，一些指标的发展程度低，这也与科技在各学科、各行业之间的发展不平衡性密切相关。

第二，科学技术的多种社会功能，促进现代化的全面发展。

科学技术是推动社会前进的革命性力量。科学技术具有推进生产力发展、推动文化发展和变革社会等多种功能，这些功能的发挥过程，则表现为由科技经济、科技体制、科技文化这三个要素有机结合所构成的科技社会子系统的不断成长过程。

所谓科技经济是指与科技有机结合的经济，它有两方面的含义，一是以科技支撑的经济，经济发展依赖科技进步；二是以经济支持的科技，科技发展需要经济投入与支持。工业经济、知识经济是科技经济的两种历史形态。各国工业经济的日益壮大和向知识经济的过渡正是科技经济不断成长的反映。在这一进程中，科技对经济的贡献率日益提高，经济对科技的需求与投入越来越大，科技与经济日益一体化，从而推动经济现代化的发展。

科技体制，是对科技发展过程要经历的一系列中间环节，包括科学研究、技术发明以及将科技成果转化为生产力进行管理并将它们有机地结合的制度的总和。如科技运行机制、科技组织结构、科技资源配置机制、科技规划和政策等，不同的科技发展阶段要有不同的科技体制与之相适应，科技体制的变革和完善，推进社会体制的变革，也推动社会的组织结构和国家机构的变化和发展，使国家机构更加民主化和法制化，从而推动政治现代化。

科技文化主要指科技知识、科技方法和科技精神。科技文化的发展和扩散，表现为工业文化的建立以及向知识文化的发展，也表现为伴随着科技的传播，科技文化从发达国家向发展中国家的扩散，科技文化作为文化的主要内容，推动了文化的现代化。科技经济、科技体制、科技文化的发展集中体现为科技主体的发展，科技主体的发展和壮大，则加强了人的现代化。

科技经济、科技体制、科技文化等要素的不断成长以及相互作用和有机结合，使科技社会子系统不断增长，推动经济、政治、文化、个人、社会等全方位的现代化进程。

2. 世界现代化的总体进程

根据现代化理论，世界现代化的总体进程至今已经历三次浪潮或三个阶段，从 18 世纪下半叶开始至今，分别为初级阶段、中级阶段和高级阶段，也有学者把这一进程划分为两大阶段，即第一次现代化和第二次现代化。第一次现代化指从农业文明向工业文明的转变过程，第二次现代化指从工业文明向知识文明的转变过程。

若从三个阶段来看，它们分别对应三次科技革命。现代化的第一阶段大体是从 18 世纪后期到 19 世纪中叶，这个阶段从英国工业革命开始，与第一次科技革命密切相关。第一次科技革命发生于 18 世纪中叶，是以牛顿力学为基础、蒸汽机在生产中的应用为标志，以机器生产代替手工生产的一次革命。这次革命使生产力从手工生产力发展到机器生产力，又进一步推动了社会经济、政治、文化的巨大变革，在这股巨大的冲力作用下，西欧和北美局部地区首先被卷入了工业化和现代化的大浪潮之中。现代化的第二阶段大约是从 19 世纪下半叶到 20 世纪中叶。这个时期内，英国的现代化继续深入发展，法、德、美、日、俄等国也先后相继现代化。比利时、瑞士、加拿大、澳大利亚、新西兰等，也逐步走上现代化的道路。现代化第二阶段与科学技术第二次革命有密切联系。第二次科技革命发生于 19 世纪下半叶，它是以电磁理论为基础、电在生产中的应用为标志的一次革命，这次革命带来了机器生产力的更大发展，为生产规模的扩大、自动化水平的提高提供了技术基础。人类从蒸汽时代进入电气时代。现代化的第三阶段开始于 20 世纪下半叶，与第三次科技革命有密切的联系。第三次科技革命发生于 20 世纪 50 年代，它是以量子力学和相对论为基础，电子和原子能技术为标志的一次科技革命。这次科技革命大大提高了劳动生产率，促进了西方经济的高速增长，其变化的广度和深度远远超过了前两次革命，并使现代化走上了新的阶段。这个阶段，通向现代化之路更加多样、复杂，有的发达国家开始奔向信息社会、后工业社会。

从世界现代化发展模式看，可以分为两类：第一类是原发式，主要指以英国、法国、美国为代表的最先实现现代化的资本主义国家的发展模式。第二类是后发式，指以日本为代表的后实现现代化的资本主义国家的发展模式以及目前正在向现代化目标前进的第三世界国家的发展模式。这两类模式分别对应曾经是世界科技中心的国家和地区以及靠近世界科技中心和远离世界科技中心的国家和地区。英国在 17 世纪到 1830 年，发生了历史上前所未有的科学革命、技术革命和产业革命，成为世界科技中心，以后法国、德国和美国等国家和地区相继成为世界科技中心，从而带动了这些国家走上现代化道路，成为原发型现代化国家。而以日本为代表的一批国家和地区作为后发国家中的先行者，积极地引进原发国家的先进科技并加以消化和吸收，缩短差距，在不长的时间内赶了上去，现在已成为高现代化水平和中等现代化水平的国家。而广大的发展中国家与世界先进科技发展水平相差较远，成为现代化道路上的落伍者，属于初等现代化水平和低现代化水平的国家。

五　科技创新是我国现代化进程的迫切需要

1. 中国现代化的总体进程

中国现代化历程，大致可以分为四个阶段：第一阶段，1860—1911 年清王朝为挽救其灭亡命运而从事的现代化努力，主要包括洋务运动、维新运动与立宪运动。洋务运动是中国现代化运动的开端，洋务运动通过引进西方先进的科技，开始了工业化历程。第二阶段，1911—1949 年资产阶级领导的资本主义现代化努力。这一时期在一定程度上推进了民族工业的发展。但中国的现代化仍然道路坎坷，进展缓慢。到 1949 年，中国仍然是一个贫穷落后的农业国家。第三阶段，1949—1978 年传统社会主义模式下的现代化。1949 年新中国成立，开始了全面的现代化建设，由于党的领导及全国亿万人民的努力，在我国基本上建成了门类齐全的工业体系和科学研究与技术开发体系，人民的生活水平也有了显著的改善。这一时期的现代化建设也经历了曲折和停滞。第四阶段，1978 年以来的具有中国特色的社会主义现代化。党的十一届三中全会以后，开始了中国社会主义现代化的新历程。邓小平提出了现代化发展战略，中国人民在改革开放和社会主义现代化建设中，取得了举世瞩目的成就。目前正在为实现"两个一百年"奋斗目标、实现中华民族伟大复兴而努力奋斗。

回顾中国现代化的历程，可以看到真正的现代化还是从新中国成立以后开始的。由于新中国的成立、改革开放政策实施以及市场经济和全球化的推进等一系列的制度和体制变革，促进了科技和生产力的发展，促进了科技社会的发展，从而提高了现代化的水平。新中国成立后一段时间，一方面，从苏联、东欧大量引进科技、设备和人才；另一方面，通过自己的努力，科学技术发展速度很快，并形成了由国防系统、各产业部门科研系统、地方科研系统、高等院校科研系统及中国科学院五大科技群体构成的科技社会主体系统，对我国科技发展、社会进步起到重大推动作用。1978年后改革开放政策的实施，变革了传统的社会主义模式，科学技术也迎来了春天，大量引进了发达国家的先进科技、管理、资金，工业化的水平得以提高，我国的现代化进程再一次提速。1992年党的十四大以后，市场经济的建立和全球化浪潮的到来，为科技的发展增添了内在的动力和外在的推力，我国科学技术进一步发展，现代化又一次进入高潮，达到了初等现代化水平。

2. 科技创新是我国现代化进程的迫切需要

《国家中长期科学和技术发展规划纲要（2006—2020年）》中明确提出了自主创新概念，自主创新是具有中国特色的科技创新概念的进一步发展。《国家中长期科学和技术发展规划纲要（2006—2020年）》中也明确了自主创新的内涵：自主创新就是从增强国家创新能力出发，加强原始创新、集成创新和在引进先进技术基础上的消化吸收再创新。这一概念既包含了科学创新，又包含了技术创新，还包含了引进基础上的消化创新，是一个关于科技创新的综合性概念，其最大特点是强调加强科学、技术的自主性、创新性，降低对国外技术的依赖度，目的是增强我国的科技创新能力。纵观世界现代化历程，三次科技革命导致三次现代化浪潮，科技创新特别是原始创新是推动人类社会前进的巨大动力，自主创新概念的提出，对于我国的现代化建设十分迫切，自主创新是我国现代化的必由之路。

党的十八大明确提出"科技创新是提高社会生产力和综合国力的战略支撑，必须摆在国家发展全局的核心位置"。强调要坚持走中国特色自主创新道路、实施创新驱动发展战略。要坚持走中国特色自主创新道路，以全球视野谋划和推动创新，提高原始创新、集成创新和引进消化吸收再创新能力，更加注重协同创新。深化科技体制改革，加快建设国家创新体系，着力构建以企业为主体、市场为导向、产学研相结合的技术创新体系。完善知识创新体系，实施国家科技重大专项，实施知识产权战略，把全社会智慧和力量凝聚到创新发展上来。

2015 年，中共中央国务院出台文件，《中共中央国务院关于深化体制机制改革加快实施创新驱动发展战略的若干意见》，指导深化体制机制改革加快实施创新驱动发展战略。《意见》指出，"加快实施创新驱动发展战略，就是要使市场在资源配置中起决定性作用和更好发挥政府作用，破除一切制约创新的思想障碍和制度藩篱，激发全社会创新活力和创造潜能，提升劳动、信息、知识、技术、管理、资本的效率和效益，强化科技同经济对接、创新成果同产业对接、创新项目同现实生产力对接、研发人员创新劳动同其利益收入对接，增强科技进步对经济发展的贡献度，营造大众创业、万众创新的政策环境和制度环境"。"到 2020 年，基本形成适应创新驱动发展要求的制度环境和政策法律体系，为进入创新型国家行列提供有力保障。人才、资本、技术、知识自由流动，企业、科研院所、高等学校协同创新，创新活力竞相迸发，创新成果得到充分保护，创新价值得到更大体现，创新资源配置效率大幅提高，创新人才合理分享创新收益，使创新驱动发展战略真正落地，进而打造促进经济增长和就业创业的新引擎，构筑参与国际竞争合作的新优势，推动形成可持续发展的新格局，促进经济发展方式的转变。"创新驱动战略的提出，是对自主创新理论的进一步发展，对于我国的现代化建设具有十分重要的价值和意义。

根据中国科学院何传启研究员的第二次现代化理论，世界现代化进程分为第一次和第二次现代化两个阶段，第一次现代化是以发展工业经济为特征的经典现代化；第二次现代化是以发展知识经济为特征的新现代化。以何传启研究员为课题组组长的"中国现代化战略研究课题组"通过大量的数据分析得出结论：我国目前处于第一次现代化的成熟期，属于初等发达国家。从我国现代化的特征来看，我国现代化过程既具有各国现代化过程的一般特性，包括复杂的、系统的、长期的、有阶段的等特征，还具有与我国国情及我国现代化所处历史阶段和坐标相应的自身特点：

特点一：中国的现代化是需要充分关注资源环境生态问题的现代化。一方面我国人口密度高、资源短缺、空间有限，环境压力大；另一方面当今世界各国面临的环境形势越来越严峻，接近临界点的环境状况已不允许我国再重复发达国家当初那种粗放式发展的老路，而必须使经济社会发展更多地依靠科技进步和提高劳动者素质，必须加强自主创新，提升产业结构，走可持续发展之路。提高自主创新能力，强化创新引领作用，深入实施创新驱动发展战略，加快创新型国家和人才强国建设，是我国尤为重要而紧迫的战略任务。

特点二：中国的现代化是国内各地区发展极不平衡的现代化。中国人口众多、土地辽阔，是一个发展中大国，内部各地区的现代化进程遵循进程不同步、空间不均衡、结构稳定性和地位可变迁规律。我国是一个发展不平衡的大国，目前大部分地区属于初等发达地区，小部分地区如香港、澳门、台湾、北京、上海、天津等属于发达地区，另有江苏、浙江、辽宁、广东、山东、重庆、福建、陕西和湖北9个地区已达到中等发达水平。必须促进国内各区域的共同发展，发挥发达地区的先导拉动作用，把推进产业升级与产业转移结合起来，推动产业梯度转移。

特点三：中国的现代化是具有双重任务的现代化，即工业化和知识化的双重任务。我国的现代化作为后发式的现代化，是在不同领域不断学习、追赶世界先进水平的发展过程，具有双重任务：不仅要追赶发达国家早已达到的历史目标，还要适应发达国家的当前发展趋势。换言之，就是既要推进第一次现代化即工业化，又要推进第二次现代化即知识化，这是我国现代化的总特征。这一总特征使科技创新也面临发展的双重任务，既要不断引进消化吸收，利用发达国家的先进科学技术，又要高度关注原始创新、集成创新，为今后发展增强后劲。

特点四：中国的现代化是亟须实现经济发展方式转型的现代化。我国经济增长方式长期处于能耗大、污染重、效率低的粗放型增长方式，产业结构处于中低端水平，需要加快推进产业结构优化升级，提升先进制造业、现代服务业、战略性新兴产业的比重，提升全员劳动生产率，提高自主创新能力，强化创新引领作用，深入实施创新驱动发展战略，增强科技进步对经济发展的贡献度，实现产业结构优化升级，实现经济发展方式的转型。

作为一个发展不平衡的大国，我国应根据自主创新和现代化发展规律，结合国情合理选择自主创新的三类创新方式的组合和重点，对于大部分处于初等发达水平阶段的地区，主要应采用模仿消化创新和集成创新为主的创新方式，对于包括江苏、浙江、广东在内的处于中等发达水平正向发达水平迈进的地区，主要应该是技术创新、集成创新，同时也要提高原始创新能力，而对于小部分已处于发达现代化水平的地区，则应当大力提高原始创新、科学创新能力，同时也要加强技术创新、集成创新。可见，根据成功国家的经验，我国目前应选择引进吸收消化基础上的再创新和技术创新、集成创新为主的创新方式，同时也要开展原始创新。

第二章 科技社会——现代化进程的推进中介

一 科技社会的构成及指标体系

科技对现代化的推进作用，是通过由科技经济、科技文化、科技体制这三要素有机结合所构成的科技社会子系统的不断成长而发挥出来的。科技社会的构成可以用以下结构图表示：

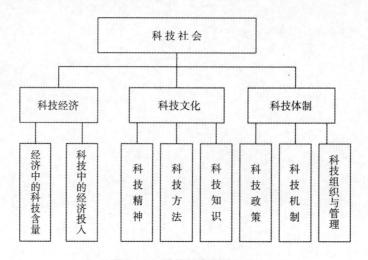

图 2—1 科技社会系统结构

其中，所谓科技经济是指与科技有机结合的经济，它有两方面的含义，一是以科技支撑的经济，经济发展依赖科技进步；二是以经济支持的科技，科技发展需要经济投入与支持。工业经济、知识经济是科技经济的两种历史形态。科技文化主要指科技精神、科技方法和科技知识。科技体制，是针对科技活动所制定、建立和实施的科技政策、科技机制、科技组织与管理等制度的总和。科技经济、科技体制、科技文化的发展集中体现为科技主体的发展，科技主体是指处于一定历史条件和社会关系中的、具备一定的知识、经验和能力的、从事科学发现、技术发明创造与使用等科学技术实践活动的人。

根据以上科技社会构成的指导思想，考虑到科技社会包含十分广泛和复杂的内容，作为一个指标体系不可能毫无遗漏地反映国家科技社会发展的各个方面。同时，科技经济、科技体制和科技文化的许多方面也难以量化，或者很难找到可靠的数据来充分反映。因此，经过反复比较和系统设计之后，并注意在指标选择上的数据来源的可靠性和连续性，对于数据获取困难的指标宁肯舍弃不用，并为简捷起见，采用对各指标等额赋值的办法，从而确立了一个相对简单、可靠，又能为研究服务的科技社会指标评价体系（见表2—1）。

表 2—1   科技社会指标体系

	一级指标	二级指标	基准值
科技社会	科技经济	R&D/GNP（%）	2.4
		R&D科学家、工程师全时当量/万人口	40.1
		人均R&D支出（美元）	1318.3
		高技术产品出口/工业制成品出口（%）	34.79
	科技文化	中学普及率（%）	101
		大学普及率（%）	78
		因特网用户/万人口	7900
		教育经费/GNP（%）	5.4
		人均教育经费（美元）	2684
	科技体制	居民申请国内发明专利数/百万人	780
		企业研究与开发支出/研究与开发总支出（%）	69.8
		企业研究与开发人数/研究与开发总人数（%）	79.4

注：基准值取高收入国家2010年或近年的平均值或美国近年的值。

这一指标体系衡量的是在整个社会大系统中科技社会子系统的发展程度，它不仅仅涉及科技的发展水平，而且涉及整个社会对科技的支持程度和科技对社会的影响程度。其目的是反映各国科技社会的发展程度和水平。它体现一个国家在科技与经济的一体化、科技文化的发展程度和科技体制的完善方面所达到的水平。

其中的科技经济包括两个方面：经济对科技的投入与科技对经济的促进。前者我们采用研究发展经费在国民生产总值中的比重（R&D/GNP）、从事研究与发展的科学家和工程师在每万人口中的比例、人均研究与发展经费这三项来衡量；后者采用高技术产品出口占工业制成品出口的比重来衡量。

一个国家科技文化的发展情况包括科技知识、科技方法和科技精神的发展情况，科技文化的总体发展水平主要取决于社会大众所接受的科技教育水平和程度，我们采用中学普及率、大学普及率、因特网普及率来反映社会多种形式的教育发展情况，采用教育经费在国民生产总值中的比重和人均教育经费来衡量教育上的经济投入量。

科技体制主要包括科技政策、科技机制和科技组织及管理。这方面比较难以量化，在缺乏完善的指标和数据的情况下，考虑到不同国家的共性内容，同时考虑到我国这样的发展中国家的实际情况，我们着重评价各国两个方面的情况：采用每百万人口中居民申请国内发明专利数反映一个国家的科技体制对科技创新的激励程度，用企业研究与开发支出占全国研究与开发总支出的比例及企业研究与开发人数占全国研究与开发总人数的比例来反映一个国家技术创新主体的确立与发展水平，也反映一个国家科技与经济的一体化状况和程度。

二　发达国家科技社会的发展状况

根据以上科技社会指标体系，在对各具体指标的数据及指数进行分析统计后，分别可获得各国科技社会的发展状况，我们以美、日、英、韩等现代化成功国家为例，它们有着各自的特点：

1. 美国科技社会的发展状况

美国的现代化水平在这些发达国家中是最高的，18 世纪末以来，美国等北美地区就开始工业化，到 20 世纪中叶完成现代化进程。其主要路径：一是建立民主政治制度，实行立法、行政、司法三权分立；二是推行富有活力的经济制度，政府不干预企业经营，鼓励和保护企业间的竞争；

三是强化科技引领作用；四是重视教育事业，注重培养学生的独立思考能力和社会竞争能力；五是不拘一格吸纳全球各类人才；六是建立适度的社会保障制度。

下面的表2—2、图2—2列出了美国科技经济、科技文化、科技体制的指数及现代化指数的演变过程。

表2—2 　　美国1970—2010年科技社会各要素与现代化指数

要素 ＼ 年份	美国				
	1970	1980	1990	2000	2010
科技经济	68	72	86	93	107
科技文化	67	78	82	79	101
科技体制	64	75	92	93	100
现代化	71	79	97	108	109

注：表中数据来源见附表2—1—3。

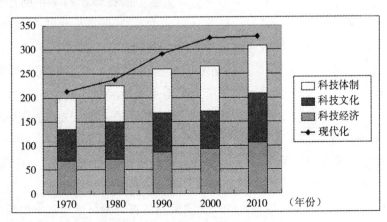

图2—2　美国1970—2010年科技社会与现代化进展的关系

（注：图中现代化指数的值作了相应放大。）

从1970—2010年，其科技经济稳步上升，其中人均R&D支出从1970年的121.4美元上升为2000年的852.5美元，2010年达到1318.3美元，40年间上升了近11倍（见附表2—1—1）。

美国高度重视科技人才。1944年的欧洲战场，诺曼底登陆之后，美国迅速出击，抢先在其他国家尤其是苏联之前，俘获德国、意大利的优秀科学家，给他们美国国籍，使其为美国服务。而同时攻入德国的苏联，为了战后国内的发展，则集中精力抢运成千上万的机器和设备。对于国家战略资源的不同认识，导致了两个超级大国其后截然不同的命运。第二次世界大战前，德国获得诺贝尔奖的科学家总数是美国的 23 倍，但在半个世纪后，全世界自然科学领域诺贝尔奖得主中，有 40% 是"美国制造"，有超过 70% 的人才被美国聘用。[①]

科技文化在原来较高的基础上得到进一步提高，中学普及率已在高位趋于稳定，2010 年美国中学普及率为 96%，大学普及率由 1970 年的 56% 上升为 2000 年的 77%，2010 年大学普及率为 95%，特别是人均教育经费的增长十分明显，从 1970 年的 315.7 美元升至 1990 年的 1154.9 美元，2010 年为 2684 美元，40 年增长 8.5 倍（见附表 2—1—1）。美国延长普及教育的年限早于多数欧洲国家，到 20 世纪 80 年代全国所有的州县都已普及 6 岁到 18 岁的免费教育，75% 的适龄青年完成 12 年的免费教育，有的州还推前到学龄前和延长到头两年大学教育。

美国还大力发展文化产业。发达国家善于捕捉和挖掘文化的深刻内涵，通过科技的加工、提升、包装，形成文化产业的裂变式市场价值。在 20 世纪 20 年代，美国就颁布了一系列政策法令，为文化产业发展创造优越的政策环境，从而在文化艺术、图书出版、电影电视、传媒集团、音乐唱片和旅游游乐产业六个方面产业成绩斐然。现在，美国文化产品出口每年在 700 亿美元以上，占国际市场的 40%，成为重要的支柱产业。[②]

科技体制方面，美国是一个以"自由经济"自居的国家，一直以市场竞争择胜者的做法为创新配置资源。美国政府常以直接资助、法令、法规等创新手段，而不是以官方的产业政策或者直接参与推动技术创新。其创新战略的特点是，政府很少颁布法律性的创新政策，技术创新主要由企业实施。这些有限的政策，只在于为企业创造一个良好的创新环境，让市场去调节企业的技术创新活动。在推动技术创新中，美国政府对创新产品的订购，也起着相当大的作用。另外，美国庞大的军费开支，对美国民用

---

① 王辉耀：《人才战争》，中信出版社 2009 年版，第 3 页。
② 孟东方：《美国文化产业的发展经验及启示》，《企业文明》2012 年第 3 期，第 94 页。

工业的技术创新，也有不可忽视的作用。[①]

　　从科技体制的各项指标数值看，美国的发明专利数指标相对较弱，主要原因是与日、韩相比较专利数相对较少，1999 年美国每百万人口中居民申请国内发明专利数为 555 件，而日、韩 1999 年则分别是 2846 件和1189 件，2010 年美国每百万人口中居民申请国内发明专利数为 780 件，而日、韩则分别是 2280 件和 2670 件（见附表 2—1—1、附表 2—2—1、附表 2—4—1），从美国第二次现代化的雷达图（见附图 1—1—1）可以看出，美国居民申请国内发明专利数相对较弱，但其增长速度仍是相当快的。美国科技社会的发展为其现代化进程注入了强劲的动力，其现代化发展速度从 1970—2010 年平均增长率为 1.34%（见表 2—2）。

2. 日本科技社会的发展状况

　　日本的现代化在 19 世纪下半叶开始初步启动，1868 年日本明治维新运动拉开了日本现代化的帷幕。自明治新政府成立以后，日本就急速地转向"文明开化"的新政策，改革各种陋俗弊政，采行西洋式的教育制度，奖励洋学，大量派遣留学生出国，奖励科学技术，废除对基督教传教的禁令，一时举国上下都崇洋，梦想"海外雄风"，建立一个"纯西方化的新国家"（福泽谕吉）。[②] 明治政府实施文明开化、殖产兴业、富国强兵的三大政策，使日本迅速实现了资本主义工业化。第二次世界大战后，日本迅速从战败恢复过来，到 20 世纪 70 年代中即已超过除美国以外的西方发达国家；到 80 年代末由于日元升值，人均国民收入增达 23300 美元。[③] 目前，日本处在发达国家的前列，2012 年人均国民收入为 47690 美元。

　　表 2—3 和图 2—3 反映了日本科技社会各要素与现代化指数的进展情况（1970—2010 年）。

---

　　① 高洪深：《知识经济学教程》（第四版），中国人民大学出版社 2010 年版，第 181 页。

　　② 罗荣渠：《现代化新论——世界与中国的现代化进程》，北京大学出版社 1993 年版，第 218 页。

　　③ 同上书，第 214—215 页。

表 2—3   日本 1970—2010 年科技社会各要素与现代化指数

日本					
年份 要素	1970	1980	1990	2000	2010
科技经济	61	69	93	98	106
科技文化	40	52	54	64	79
科技体制	104	102	106	102	106
现代化	58	72	88	103	102

注：表中数据来源见附表 2—2—3。

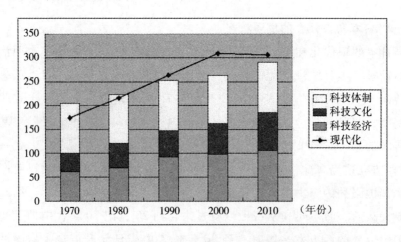

图 2—3   日本 1970—2010 年科技社会与现代化进展的关系

（注：图中现代化指数的值作了相应放大。）

日本科技经济的发展程度相对科技文化而言是较高的，其经济对科技的投入很大，日本对 R&D 进行大量投资，是世界上 R&D 投资额增长最快的国家之一，2010 年 R&D/GDP 达 3.4%，人均 R&D 支出上升飞快，从 1970 年的 38.9 美元上升至 2010 年的 1402.7 美元，40 年上升近 37 倍（见附表 2—2—1）。二战以后，日本一方面积极实施引进为主导的技术革新战略，大大缩短日本工业赶超世界先进水平的年限；另一方面不断增强自主研发能力，"企业的生存依靠科技"已成为日本企业界的广泛共识，许多企业设立科研机构，科研成果应用一代、储备一代、研发一代，实现了生产与科技的良性互动。

日本强调国家对经济的干预,政府具有强烈的经济建设意识和强大的导向作用,实施以引进为主导的技术革新战略、以出口为导向的外向经济发展战略,吸收利用先进工业国技术、设备和管理经验,不断升级和调整产业政策,对某些关键产业进行选择性干涉,在20世纪50年代,扶植钢铁产业;在20世纪60年代至70年代初,扶植汽车、石油化工产业;在80年代,转而又扶植计算机、飞机产业,加快了工业化进程,在短时间内实现了现代化。

科技文化中,人均教育经费提高很快,由1970年的75.9美元上升至2010年的1396美元,40年上升近20倍。[①] 日本早在20世纪60年代就完成了高等教育从"精英型"向"大众型"的过渡,并经几十年的平稳发展,成为率先实现高等教育普及化的国家之一,目前高等教育入学率为61%。[②] 日本把教育作为立国之本,培养了一批又一批有责任、会思考、能竞争的人才。从明治维新时期开始,就非常强调教育的重要性,1907年就基本上普及高小教育,1948年达到普及初中,到70年代末基本上普及高中,战后高等教育更是获得了迅速的发展,人们的平均受教育年限进一步延长,具有高中、大学学历的人在总人口中的比重迅速提高,日本还通过派遣人才出国、自我培养方式,为日本经济振兴培养了大量人才。

科技体制方面,日本从20世纪50年代至70年代,采取的是"吸收型"加工贸易立国的战略,即主要靠引进和改革外国(主要是欧美)现成技术的发展战略。这一战略与当时日本"赶超型"发展目标是基本一致的,因而使日本能以较快的速度和较低的代价取得丰硕的成果,到20世纪70年代初,已大体拉平了与西方先进工业国之间的技术差距。从70年代中后期开始,逐步明确了"科学技术立国"的新思路。日本历来偏重应用研究,是一个典型的技术开发成功而基础研究落后的国家。80年代初开始,日本开始意识到对基础研究的忽视将给本国长期持续发展带来不利影响,极力想改变这种状况,无论是政府,还是企业都在有目的地加强基础研究。进入90年代,随着国际市场竞争日益激烈,为了提高其产品在市场上的竞争

---

① 凤凰教育网:《世界各国教育经费数据对比》,2010年2月21日,(http://edu.ifeng.com/news/201002/0221_ 6978_ 1550955. shtml)。

② 何传启:《中国现代化报告2014—2015——工业现代化研究》,北京大学出版社2015年版,第415页。

力，改变科技产业后劲不足对经济发展带来负面影响的状况，日本进一步加快了高科技的发展步伐，加速发展和扶植高技术产业，实行产业结构调整。1994 年 6 月，日本政府正式提出"新技术立国"政策。① 1995 年 11 月，日本国会通过了《科学技术基本法》，拉开了半个世纪以来再度重建日本科技体制的序幕。

日本科技体制的发展水平较高，主要表现在每百万人口中居民申请国内发明专利数迅速增加。1980 年为 1635 件，1990 年达到 3051 件，1999 年又降为 2846 件，但仍为全世界最高值。从日本第二次现代化的雷达图（见附图 1—2—1）也可以看出，每百万人口中居民申请国内发明专利数这一指标是对现代化水平的贡献率较高的指标之一。日本科技社会的迅速发展，使其现代化水平迅速提高，1970—2010 年现代化指数从 58 上升至 102，其年均增长率是 1.9%（见表 2—3）。

3. 英国科技社会的发展状况

英国是科技革命、产业革命的发祥地，昔日的辉煌威震全球。历史上有以牛顿为代表的一大批科学家为人类作出了杰出贡献。通过推进科学技术和科技社会的发展，英国第一个走上了现代化道路，从一个边缘小国一跃而成为"日不落帝国"、"大英帝国"。在其现代化的发展历程中，英国始终重视科学技术的发展。近年来，面对经济社会发展中遇到的种种挑战，英国进一步强调了科技创新对经济社会发展的作用。

表 2—4 和图 2—4 反映了英国 1970—2010 年科技社会各要素与现代化指数的进展情况。

表 2—4　　英国 1970—2010 年科技社会各要素与现代化指数

要素 ＼ 年份	英国				
	1970	1980	1990	2000	2010
科技经济	51	60	64	66	76
科技文化	40	46	48	73	96

---

① 高洪深：《知识经济学教程》（第四版），中国人民大学出版社 2010 年版，第 184 页。

续表

要素＼年份	1970	1980	1990	2000	2010
科技体制	94	88	92	82	58
现代化	54	64	75	92	92

注：表中数据来源见附表 2—3—3。

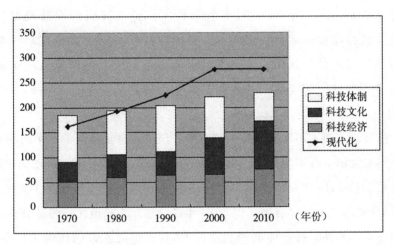

图 2—4　英国 1970—2010 年科技社会与现代化进展的关系

（注：图中现代化指数的值作了相应放大。）

在科技经济和科技体制方面，1993 年，英国政府发表了题为《实现我们的潜能》白皮书，首次启动了科技预见计划，1994—1999 年，通过第一轮预见计划的实施，英国确定了包括信息技术、电子通信、自然与环境、新化合物、新能源等在内的 16 个优先发展领域。1999—2002 年，又启动了第二轮预见计划，确定了环境与交通、国防与空间技术体系、信息与现代传媒，以及认知系统、网络诚信和防止犯罪、电子光谱、防灾等 14 个重点发展领域。2002 年，英国前首相布莱尔发表了"科学至关重要"的演讲，呼吁全国为科学创新与探索研究的整个过程展开服务。2004 年英国政府启动了历史上第一次由政府主持制定的英国科学技术长远发展的"10 年科技发展规划"。国际金融危机发生后，英国经济社会发展面临许多重大挑战，卡梅伦首相提出要推动和实现经济的强劲、可持续和平衡增长，科学技术与创新是英国经济社会发展政策的核心。2008 年，英国创新大学和技能部发布了题为《创新国家》的白皮书，提出将英国建设成为一个创新无处不在的创新国家，使英国成为世界上管理创新企业或公共服务最优秀的国家。2011 年又发布《政府创新和研究战略》政策文件，提出通过对研究与创新进行投资来促进英国经济增长的政府计划。

英国的科学产出效率高。英国人口仅占世界 1%，科技投入仅占世界 4.5%，却产出 8% 的世界科学论文，论文被引用次数居世界第二位，仅排在美国之后，事实上，英国在科学基础方面是仅次于美国的世界第二大科学强国，其科学产出效率远高于其他国家，英国的诺贝尔奖人数仅次于美国，并强调要继续保持在科学基础方面的领先地位。[①]

然而，与美国等国家相比，英国科技经济和科技体制的水平还相对较低，不如美国、日本和韩国，对科技的经济投入相对不足，表现为 R&D/GNP 的比值 2010 年反而比原来下降，由 1990 年的 2.2% 降至 1.8%，人均 R&D 支出虽然历年有增，但 2010 年也只达 654.6 美元，约是日本和美国的一半。另外，科技体制中企业的 R&D 支出与人数的比例也比美国、日本低，2010 年分别是 60.9% 和 44.2%（见附表 2—3—2），此外企业的研发强度也较低，为 1% 强，这无疑成为英国技术产业化程度低的一个原因。

在科技文化方面，英国的水准是较高的，作为老牌的资本主义国家，英国科技实力非常雄厚，尤其是基础研究在世界上占有重要地位。英国出版的《自然》、《柳叶刀》是全世界自然科学和医学领域最高权威杂志。当今英国科学家仍然保持着自由探索的学术氛围与创新精神，使英国基础科学往往孕育着许多新奇的世界第一，如世界第一例"试管婴儿"和第一例克隆羊。注重创新与学术自由的精神使英国今天继续在自然科学、工业技术、高技术产业等方面走在世界前沿，并保持着自己的优势。牛津大

---

① 陈强、余伟：《英国创新驱动发展的路径与特征分析》，《中国科技论坛》2013 年第 12 期，第 148—154 页。

学、剑桥大学、伦敦大学商学院一直是全球排名靠前的优秀高等学府。从图 2—4 可以看出，1990 年至 2000 年英国现代化水平提高很快，特别是大学普及率从 1990 年的 25％ 猛增至 2010 年的 61％，人均教育经费则从 1970 年的 117.5 美元增至 2010 年的 2100 美元，增加近 18 倍（见附表 2—3—1）。从英国第二次现代化的雷达图可以看出，1990—2000 年其现代化的快速发展主要原因在于中学普及率和大学普及率的迅速提高。2009 年英国发布了《国家技能战略》，其中提出英国高等教育和技能体系的新目标：3/4 的英国人应当接受高等教育，或者到 30 岁时完成高级学徒或相当于技师水平的课程。[①]

英国科技社会的发展促进了现代化水平的提高，1970—2010 年，现代化指数从 54 上升为 92，年均增长率是 1.76％（见表 2—4）。

4. 韩国科技社会的发展状况

韩国在建国后，经过多年的发展，经济保持了持续快速增长，创造了世界瞩目的"汉江奇迹"。目前，韩国已进入发达国家行列。

表 2—5 和图 2—5 反映了韩国科技社会各要素与现代化指数的进展情况。

表 2—5　　　　韩国 1970—2010 年科技社会各要素与现代化指数

要素 \ 年份	1970	1980	1990	2000	2010
科技经济	25	30	54	69	95
科技文化	26	33	42	74	87
科技体制	7	17	93	102	105
现代化	25	35	55	84	100

注：表中数据来源见附表 2—4—3。

① 陈强、余伟：《英国创新驱动发展的路径与特征分析》，《中国科技论坛》2013 年第 12 期，第 148—154 页。

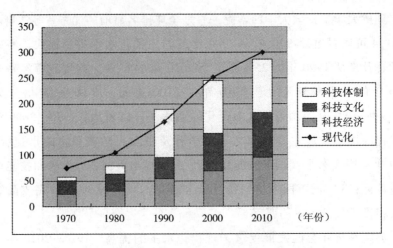

图 2—5 韩国 1970—2010 年科技社会与现代化进展的关系

（注：图中现代化指数的值作了相应放大。）

作为新兴工业国，韩国从 1970 年至 2010 年的 40 年中，发展速度惊人，科技经济、科技文化，尤其是科技体制，发展速度极快。科技经济中，经济对科技的投入迅速增加，R&D/GDP 由 1970 年的 0.3% 增至 2012 年的 4.0%，赶上发达国家水平，人均 R&D 支出从 1970 年的 0.81 美元增至 2010 年的 775.5 美元，是原来的 957 倍（见附表 2—4—1），已跟美、日、英等国处于同一数量级，高技术产品出口占工业制成品出口比重 1999 年就已达 32.2%，接近制造业出口的 1/3。

韩国在现代化进程中善于及时捕捉并积极利用各个时期国际上产业结构变动的有利机遇，通过资本注入和技术改造，不断培育和增强核心竞争力，推进产业转型升级。20 世纪 60 年代，韩国大力发展以出口为导向、以轻纺工业为主的劳动密集型产业；70 年代后期，开始由劳动密集型产业向资本密集型产业升级，重点发展重化工业，韩国经济进入了重工业技术升级的"转型期"，政府力图实现国家经济从总量增长型转向质量效率型，以增强国家的整体竞争实力；80 年代后，在"科技立国"战略指引下，把劳动密集型和资本密集型产业升级为知识密集型产业；1998 年后，明确把信息产业作为重振国家经济的根本，经过多年努力，韩国在信息技术的许多领域已经走在国际前沿。

韩国在经济发展中充分发挥政府宏观调控职能，通过产业政策、规划、立法、特别贷款、政府采购甚至行政干预等手段，控制和引导经济发展方向及资源流向，从而实现经济发展目标。对具有自主知识产权的民族工业，既积极鼓励其融入全球化，又在政策上加以培育和保护。

科技文化方面，韩国拥有丰富的教育资源，也非常重视教育。韩国的首尔大学、延世大学都是亚洲排名前十五名的优秀大学，堪比北京大学、清华大学等著名高校。韩国获得快速发展的一条重要经验是教育发展的速度超过经济增长的速度，从60年代中期开始，韩国的教育经费的增长率多年超过GNP增长率，教育经费逐年上升；为保证人力开发的投入，韩国政府还允许教育部门举债，特别是借外债，用于购买外国最新尖端科学仪器设备和原材料等。韩国的教育投资是世界上最高的国家之一，一般占政府整个预算的1/5以上，韩国大学普及率的提高较快，高校入学率高，从1980年的15%升到2010年的101%，因特网的普及率也极高，达到每万人口8400用户（见附表2—4—1），一大半人上网，但人均教育经费还比较低，导致科技文化总体上发展还不是最快。

科技体制方面，韩国依靠科技创新带动经济社会迅速发展，成功实现了由落后农业国向创新型国家的转型，其追赶型科技创新战略是通过技术的引进—模仿—改进—创新，迅速提升自主创新能力。20世纪60年代，政府鼓励企业直接引进成熟技术，科研部门引进专利技术进行创新研究；70年代，以经济手段鼓励技术创新，技术引进的重点转向钢铁、造船、机械、电子等领域；80年代，提出"科技立国"战略，官、产、学、研分工合作，重点转向机械、电子等技术密集型产业；90年代，强调自主创新，研发重点转向微电子、生物工程、精密化工、新材料等产业。[①] 从这一科技创新战略的发展历程和相关统计数据看，韩国科技体制发展较好，特别是每百万人口中居民申请国内发明专利数增长较快，1980—2010年间申请专利数迅猛增长，至2010年是2670件/百万人，超过日本的2280件，高于美国（780件）和英国（250件）（见附表2—4—1）。韩国在企业的研究与开发支出比率和人数比率上也处于较高的水平，从而保证了其科技体制上有利于科技经济一体化。由韩国第二次现代化的雷达图

---

① 陈晓晖、丛培鑫：《韩国追赶型科技创新模式中国家制度安排的特点探析》，《科技管理研究》2013年第18期，第40页。

（见附图 1—4—1）可以看出 2000—2010 年的现代化的飞速发展主要体现在 R&D 科学家、工程师人数的提高，大学普及率的提高和婴儿死亡率的降低。1990—2000 年的现代化的飞速发展主要体现在大学普及率和因特网用户数的提高。1980—1990 年的现代化的飞速发展主要体现在：R&D/GNP 的提高，大学普及率的提高，R&D 科学家、工程师人数的提高，居民申请专利数的提高。而 1970—1980 年主要是中学普及率的提高。可见科技社会的快速发展是韩国现代化以年均增长率 7.5% 的高速迅猛发展的主要动力源。

三　通过推进科技社会的发展实现现代化的成功经验

以上科技社会与现代化进展关系的定量研究表明：第一，现代化进程与各国科技社会的发展一致，科技社会发展水平越高、发展速度越快，则现代化的水平和速度也就越高、越快。第二，构成科技社会系统的科技经济、科技文化和科技体制诸要素的发展有快有慢，表现出发展的不平衡性，各国可以根据国情集中优势首先发展其中一个方面，但也不能使诸要素之间差距过大。第三，科技社会的发展速度快于现代化的发展速度，其中日本和韩国最为明显，说明当今科技必须走在前头是时代的要求，也表明后发国家要推进现代化进程，就必须使科技和科技社会领先发展。

在各国的现代化进程中，科学技术发挥了根本的作用。我们试结合英、美、日、韩等国家的现代化历程总结探讨其中的一些规律性。

首先，不断促进科学技术的转移和创新。

大凡后起的成功国家，都是高度重视和成功实现自主创新的国家，自主创新一般都经历了三个阶段，即从技术引进消化吸收再创新为主到技术创新和集成创新为主再到科学创新和原始创新为主的三个阶段，其间创新的自主性不断提高。在第一阶段，主要是进行科学普及和技术的引进与消化吸收，缩短与先进国家的距离，并缩小国内不同地区、不同行业的差距，达到初等发达现代化水平。在第二阶段，主要是在引进的基础上通过技术创新改善经济结构、增强经济实力，达到中等发达现代化水平。在第三阶段，主要是通过原始创新进入世界领先行列，达到发达国家现代化水平。美国从 1812—1814 年开始产业革命，当时主要是引进欧洲的先进科学技术和大批技术移民，并派人出国考察。然后在引进基础上加以创新，如发明了农业机器、缝纫机等。并在第二次科技革命即电力科技革命中通过原始创新赶超了欧洲，成为世界第一。现在仍通过不断的原始创新带动技术、经济的持续发展。韩国作为新兴工业化国家，起步稍晚，20 世纪 60 年代至 70 年代以引进吸收为主，80 年代以技术创新增强经济竞争力，大力发展资金和技术密集型产业为主；90 年代则开始高度关注原始创新。从而在短短几十年间，无论经济还是科技都取得了令世人瞩目的成就，科技竞争力 2002 年达到世界第十位，成功实现了现代化的第二阶段向第三阶段的转变。即使是作为工业革命发源地的英国，在工业革命之前，也经历过引进欧洲大陆国家先进技术的过程，并通过科技的自主创新，启动了工业化、现代化的进程。西方发达国家和新兴国家的发展实践表明，三类创新方式在国家现代化进程的各阶段既是并存的，又是随着社会经济发展水平的提升，创新方式的重点逐步演进的。

其次，积极推进科技社会子系统的发展。

（1）积极推进科技经济

科技经济的发展，实质就是经济结构的调整，建立效益最高的经济结构。美国自然资源丰富，有着发展农业经济的天然条件，然而美国当初却选择了通过引进欧洲先进国家的科技发展工业经济的道路。当第二次技术革命来临时，又抓住机遇，进行技术创新，加快发展电力工业，使美国经济成为世界第一。在以后的发展中，美国始终抓住了科技革命的龙头，并发展出相应的科技经济。美国新经济的出现，正是推进科技经济的结果。

（2）积极变革科技体制

科技体制的好坏标准，应看其是否有利于科技的发展、成果的转化和科技人员积极性的调动。因此，随着科学技术的发展，要不断探索更加合理的科技体制，制定相应的科技战略和政策，发展科研组织加强科技管理。如日本在其现代化进程中，经历了贸易立国到技术立国再到科技创新立国的国策变化过程，这反映了不同发展阶段上国家对科技的不同要求。再如美国在科研组织上的创新有目共睹，其中工业实验室的建立集中体现了技术创新阶段的特点，而 20 世纪下半叶大学科技园区的形成则顺应了科学创新阶段的特点。美国的科研组织具有很强的自我发展能力，值得我国认真借鉴。

（3）积极发展科技文化

弘扬科技精神，传播科技知识和科技方法，教育是一条最重要的渠道。大力普及教育，教育优先发展，是成功国家的共同经验。如韩国，在其处于中等现代化水平即第二阶段时，就积极发展高等教育，从 1970 年至 2010 年，大学普及率从 16% 上升至 103%，人均教育经费从 1970 年的 9.45 美元上升至 1990 年的 189 美元，再上升至 2010 年的 726 美元。美国之所以能成功，并且保持世界第一，是与其强大的科技文化分不开，美国 2010 年中学普及率是 96%，大学普及率是 95%，均在世界先进水平之列，从而确保了其科技的创新能力（见表 2—6、表 2—7）。

表 2—6　　　　　五个国家 1970—2010 年的中学普及率　　　（单位:%）

年份	1970	1980	1990	2000	2010
美国	N	91	92	97	96
日本	86	93	96	102	102
英国	73	84	84	156	105
韩国	42	78	87	102	97
中国	24	46	48	63	81

注：以上各国数据来源于《中国现代化报告 2013——城市现代化研究》（何传启主编，北京大学出版社 2013 年）附表 2—3—3。

表 2—7　　　　　五个国家 1970—2010 年的大学普及率　　　（单位:%）

年份	1970	1980	1990	2000	2010
美国	56	56	75	77	95
日本	31	31	31	44	60
英国	20	19	25	58	61
韩国	16	15	39	68	103
中国	1	2	2	7	26

注：以上各国数据来源于《中国现代化报告 2013——城市现代化研究》（何传启主编，北京大学出版社 2013 年）附表 2—3—3。

第三章 促进科技发展和科技社会成长
——中国现代化的必由之路

一 我国科技发展和科技社会的成长

近年来，我国经济快速发展，科技经费支出增加，2013年，全国共投入研究与试验发展（R&D）经费11846.6亿元，比2000年的895.7亿元增加12倍多，研究与试验发展（R&D）经费投入强度为2.08%，比2000年的0.90%提高了1.18个百分点。研究与试验发展（R&D）经费中基础研究、应用研究和试验发展经费占研究与试验发展（R&D）经费总量的比重分别为4.7%、10.7%和84.6%。分活动主体看，各类企业研究与试验发展（R&D）经费9075.8亿元，政府属研究机构经费1781.4亿元，高等学校经费856.7亿元，企业、政府属研究机构、高等学校经费占全国经费总量的比重分别为76.6%、15%和7.2%。[①]

我国科技队伍壮大，已成为第一科技人力资源大国。2013年我国科技人力资源总量达到7105万人，其中大学本科及以上学历的科技人力资源总量为2943万人，我国本科及以上学历科技人力资源总量相当于美国的科学家工程师数量。根据美国《科学与工程指标2014》，2010年美国科学家工程师总量为2190万人。目前无论是按人头数还是按全时当量计，我国投入研发活动的人力数量规模都已经成为全球最高的国家。按人头数统计，2013年我国R&D人员总数为501.8万人，其中博士28.7万人，硕士66.1万人，本科毕业生138.8万人，分别占总数的5.7%、13.2%和

---

① 国家统计局、科学技术部、财政部：《2013年全国科技经费投入统计公报》，2014年10月23日，中国科技统计网（http://www.most.gov.cn/kjtj/201506/t20150603_119846.htm）。

27.7%。2013 年中国有 R&D 研究人员 207 万人，占 R&D 人员的比重为 42.0%。按全时当量统计，2013 年我国 R&D 人员总量为 353.3 万人年，R&D 研究人员总量为 148.4 万人年。发达国家中，美国研发队伍规模最大。2011 年美国 R&D 研究人员全时当量为 125.3 万人年。由 R&D 研究人员数据推算，2011 年美国 R&D 人员总量约为 168 万人年。中国 R&D 研究人员全时当量数占全球总量的比重从 2009 年的 18.4% 上升到 2013 年的 21.3%，美国的比重则从 20% 下降到 18% 左右。①

中国 R&D 人员的分布结构也日趋合理，企业 R&D 人员所占比例 2013 年达到了 77.6%，研究机构为 10.3%，高等学校为 9.2%，这说明中国企业正逐步成为 R&D 活动的主体，成为技术创新的主体。②

我国科技成果近年来有显著成绩，2004 年全年发明专利授权量为 49360 件，居世界第三位，美、日之后。2013 年，我国发明专利申请量占专利申请总量的比重五年来首次超过三分之一，达到 34.7%，国内专利申请结构进一步优化，在国内发明专利申请量排名前 10 的企业中，内资企业数量达到 9 家，占据明显优势。我国每万人口发明专利拥有量达到 4.0 件，我国 PCT 国际专利申请量达到 2.2 万件，国际排名升至第 3 位；三方专利拥有量为 1851 件，国际排名升至第 6 位。③

我国国际论文总数快速增长，SCI、EI 和 ISTP 三个检索系统收录的中国的国际论文总数，1995 年仅有 2.7 万篇，占世界总数的 2%，排世界第 11 位。到 2005 年，我国的国际论文总数达到了 15 万篇，占世界总数的近 7%，排名世界第 4 位，仅次于美国、英国和日本。2013 年，中国国内论文数量为 51.32 万篇，其中临床医学论文所占比重超过四分之一。国内论文主要集中在高等院校，占到全国总量的 64.4%。中国 SCI 论文达到 23.14 万篇，连续 5 年排在世界第 2 位，占到世界总量的 13.5%，排在

---

① 科学技术部创新发展司：《科技统计报告第 15 期（总第 572 期）——2013 年我国科技人力资源发展状况分析》，2015 年 3 月 12 日，中国科技统计网（http：//www. sts. org. cn/tjbg/zhqk/zindex. asp）。

② 科学技术部创新发展司：《科技统计数据 2014》，2015 年 8 月 23 日，中国科技统计网（http：//www. sts. org. cn/sjkl/kjtjdt/index. htm）。

③ 科学技术部创新发展司：《科技统计报告第 13 期（总第 570 期）——2013 年我国专利统计分析》，2015 年 3 月 12 日，中国科技统计网（http：//www. sts. org. cn/tjbg/zhqk/zindex. asp）。

世界前 5 位的还有美国、英国、德国和日本，SCI 论文增速超过世界平均水平 16.8 个百分点。但 SCI 篇均被引次数较世界平均水平还有一定差距。国际合作产生的论文为 56076 篇，占到我国发表论文总数的 24.3%。[①]

我国已具备比较完整的学科布局，并在生物、纳米、航天等重要领域的研究开发能力已跻身世界先进行列。我国科技中介组织得到不断发展，生产力促进中心、孵化器、技术市场、大学科技园、创业服务中心等科技中介在数量上迅速发展，功能日趋多样化和完善，促进了技术创新活动。我国大学正向社会源源不断地输送高层次人才。我国教育系统培养的学生数量和质量不断提高。全国各类高等教育在学总规模达到 3559 万人，高等教育毛入学率达到 37.5%。全国共有普通高等学校和成人高等学校2824 所。其中，普通高等学校 2529 所（含独立学院 283 所），普通高校中本科院校 1202 所。全国共有研究生培养机构 788 个，其中，普通高校571 个，科研机构 217 个。研究生招生 62.13 万人，其中，博士生招生7.26 万人，硕士生招生 54.87 万人。在学研究生 184.77 万人，其中，在学博士生 31.27 万人，在学硕士生 153.50 万人。毕业研究生 53.59 万人，其中，毕业博士生 5.37 万人，毕业硕士生 48.22 万人。普通高等教育本专科共招生 721.40 万人，在校生 2547.70 万人，毕业生 659.37 万人。[②]从而为我国自主创新培养了强大后备力量，积累了人力资源。一大批富有创新活力的科技型中小企业在全国各地已经涌现，它们是自主创新的重要力量，我国 65% 的国内发明专利、80% 的新产品由中小企业获得和创造。[③]

从我国高校科技的迅速发展可以反映出我国科技的发展基础和发展潜力。近年来，无论是我国高校科技投入，还是科技产出都获得了快速增长，并且投入产出的效益也较高。2013 年，我国高校研究与发展经费达

① 科学技术部创新发展司：《科技统计报告第 7 期（总第 564 期）——2013 年中国科技论文统计分析》，2015 年 2 月 26 日，中国科技统计网（http：//www. sts. org. cn/tjbg/zhqk/zindex. asp）。

② 中华人民共和国教育部：《2014 年全国教育事业发展统计公报》，2015 年 7 月 30 日，中华人民共和国教育部网站（http：//www. moe. edu. cn/jyb_ xwfb/gzdt_ gzdt/s5987/201507/t20150730_ 196698. html）。

③ 南方网：《我国八成新产品由中小企业创造》，2006 年 2 月 5 日，（http：//finance. southcn. com/gdmqgc/gdmqgcqwjd/200602050008. htm）。

到 856.7 亿元，占全国研究与发展经费的 7.2%。高等学校在科学研究和社会服务中具有明显的人才优势，已形成了一支规模稳定的高水平科研人才队伍。2013 年，我国高校有研发人员 32.5 万人年，占全国研究与发展人员总数的 9.2%。高等学校 R&D 人员占全国 R&D 人员的比重从 2004 年的 18.4% 持续下降到 2013 年的 9.2%（见表 3—1）。全国科学研究（包括基础研究和应用研究）人员全时当量中，高等学校占 49.4%，高出研究机构 18.6 个百分点。全国基础研究经费中，高等学校占 55.4%；应用研究经费中，高等学校占 34.8%。高等学校 R&D 经费中，政府资金占 60.3%。高等学校发表 SCI 论文 16.1 万篇，占全国 SCI 论文的比重为 83.7%。高校专利申请数和专利授权数增长迅猛（见表 3—2），高等学校的发明专利申请数为 9.85 万件，高等学校作为卖方在技术市场签订技术合同 6.4 万项，占全国技术合同的比重为 21.8%；但技术合同成交金额为 329.5 亿元，仅占全国技术合同成交金额的比重为 4.4%。①

表 3—1　　　　　　　　　我国高校 R&D 人员和 R&D 经费情况

年份	2004	2007	2010	2013
R&D 人员（万人年）	21.2	25.4	29.0	32.5
R&D 人员占全国比重（%）	18.4	14.6	11.3	9.2
R&D 经费支出（亿元）	200.9	314.7	597.3	856.7
R&D 经费支出占全国比重（%）	10.2	8.5	8.5	7.2

注：数据根据科技部科技统计报告（相关年份）整理而得。（中国科技统计网站 http://www.sts.org.cn/）

表 3—2　　　　　　　2004—2013 年部分年份我国高校专利情况

年份	专利申请总数（件）	专利授权总数（件）
2004	9683	3484
2007	23001	8214

① 科学技术部创新发展司：《科技统计报告第 16 期（总第 573 期）——2013 年我国高等学校 R&D 活动分析》，2015 年 3 月 12 日，中国科技统计网（http://www.sts.org.cn/tjbg/gdxx/gindex.asp）。

年份	专利申请总数（件）	专利授权总数（件）
2010	79332	43153
2013	167700	85000

注：数据根据科技部科技统计报告（相关年份）整理而得。（中国科技统计网站 http：//www.sts.org.cn/）

高校科研效益。统计数据表明，我国高等学校用占全国9.2%研究与发展（R&D）人力，不到7.2%的 R&D 经费，产出了80%以上的 SCI 论文，16%的发明专利。高校 R&D 投入产出比相对较高，一方面说明高校科技工作者多年来非常辛苦与勤奋；另一方面说明高校科技工作者的创新能力旺盛，高校在我国科技创新中的骨干和引领作用进一步发挥，在国家创新体系中的作用越来越明显，是名副其实的基础研究的主力军，高新技术研究的重要方面军和科技成果转化的强大生力军。

二　我国科技社会发展的不足

中国科技社会的发展程度及现代化的水平与以上发达国家相比差距是十分明显的（见表3—3、表3—4、图3—1、图3—2、图3—3）。

表3—3　　　中国1970—2010年科技社会各要素与现代化指数

中国					
要素＼年份	1970	1980	1990	2000	2010
科技经济	N	N	17	26	38
科技文化	8	16	24	27	45
科技体制	0	0	36	39	75
现代化	21	25	26	31	47

注：表中数据来源见附表2—5—3。

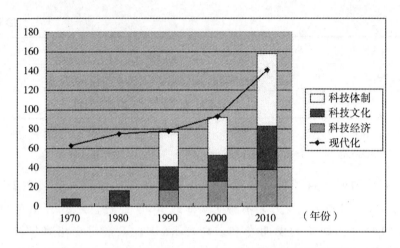

图 3—1　中国 1970—2010 年科技社会与现代化进展的关系

（注：图中现代化指数的值作了相应放大。）

表 3—4　　　　1970—2010 年美、日、英、韩、中五国现代化指数比较

现代化指数					
年份	1970	1980	1990	2000	2010
美国	71	79	97	108	109
日本	58	72	88	103	102
英国	54	64	75	92	92
韩国	25	35	55	84	100
中国	21	25	26	31	47

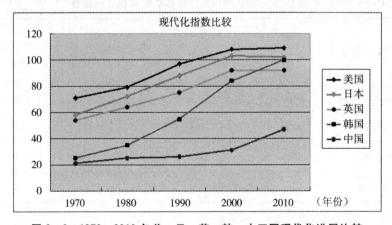

图 3—2　1970—2010 年美、日、英、韩、中五国现代化进展比较

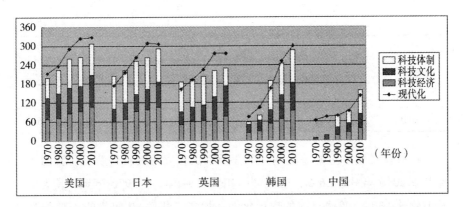

图 3—3　1970—2010 年美、日、英、韩、中五国科技社会与现代化进展比较

　　我国科技社会总体水平还比较低。在科技经济中，最大的差距是人均 R&D 支出很低，2010 年仅为 77.4 美元，而美、日、英、韩的这一数据都达到了上百或上千美元，美国、日本甚至超过 1000 美元（见表 3—5）。

表 3—5　　　　　　五个国家 1970—2010 年的人均 R&D 支出　　　　（单位：美元）

年份	1970	1980	1990	2000	2010
美国	121.4	272.6	588.3	852.5	1318.3
日本	38.94	207.7	762.9	997.4	1402.7
英国	51	190.1	354.2	439.7	654.6
韩国	0.8	9.1	113.4	240.6	775.5
中国	N	N	1.9	8.4	77.4

　　另外，每万人口中 R&D 科学家、工程师全时当量也较低，2010 年为 12，而美、日、英、韩则分别为 46.7、51.9、37.9、49.5。R&D/GDP 的比例也是偏低的（见表 3—6），高技术产品出口占工业制成品出口比例也不高，2010 年为 32.9%，并且其中不少高技术产品是没有自主知识产权的。

表 3—6　　　　　　五个国家 1970—2010 年的 R&D/GDP　　　　（单位:%）

年份	1970	1980	1990	2000	2010
美国	2.5	2.4	2.7	2.5	2.8
日本	2	2.1	3	2.8	3.4

年份	1970	1980	1990	2000	2010
英国	2.3	2.4	2.2	1.8	1.8
韩国	0.3	0.6	2.1	2.7	3.4
中国	N	N	0.5	1	1.76

在科技文化中主要差距是大学普及率低和人均教育经费低，我国大学普及率2010年只达26%，若跟韩国相比，韩国早在1970年时，其大学普及率就达16%，我国目前的现代化水平相当于韩国80年代的水平（目前我国现代化指数是47，韩国在1980年为35，1990年为55），大学普及率也相当于韩国80年代的水平，我国2000—2010年间，大学普及率发生了突飞猛进的发展，从7%上升为26%，但与美、日、英、韩等发达国家比还存在不小的差距（见表3—7）。

表3—7　　　　　　　　五个国家1970—2010年的大学普及率　　　　（单位：%）

年份	1970	1980	1990	2000	2010
美国	56	56	75	77	95
日本	31	31	31	44	60
英国	20	19	25	58	61
韩国	16	15	39	68	103
中国	1	2	2	7	26

我国的人均教育经费与发达国家的差距更大，2010年是42美元，只相当于韩国70年代的水平，韩国2010年的人均教育经费是726美元，是中国的17倍多，中国要在人均教育经费上赶上世界先进水平，还有较漫长的道路要走。

表3—8　　　　　　　　五个国家1970—2010年的人均教育经费

（单位：当年价美元）

年份	1970	1980	1990	2000	2010
美国	315.7	761.1	1154.9	N	2684
日本	75.9	573.6	1195.2	N	1396

续表

年份	1970	1980	1990	2000	2010
英国	4	17	29	N	78
韩国	9.5	56.2	189	N	726
中国	N	N	13.3	20.5(1995)	42

在科技体制中主要差距是居民申请国内发明专利数很低，2010 年每百万人口中的居民申请国内发明专利数只有 220 件，而同年日本是 2280 件，韩国是 2670 件，差距极大（见表 3—9）。韩国在 1990 年人均 R&D 支出为 113.4 美元时，每百万人口中居民申请国内发明专利数为 733 件，我国 2010 年人均 R&D 支出为 77.4 美元，每百万人口中居民申请国内发明专利申请数仅为 220 件（见附表 2—5—2）。这说明我国的科技体制对科技创新的激励作用相对韩国较小。要进一步提高人均 GDP，根据它国经验，就必须发展大学教育，增大 R&D 投入，提高专利数。从我国现代化雷达图看（见附图 1—5—1），我国现代化指标中，中学普及率和出生时平均预期寿命这两个指标的发展水平较高，发展指数在 2010 年都超过了 80，分别为：82、90，而发展程度最差的两个指标是：每百万人口中居民申请国内发明专利数、人均 GDP，其指数分别为：28、10，可见制约我国现代化发展的主要原因是科技社会的发展水平较低。

另外我国企业的研发支出比重、人数比重分别从 2000 年的 44.8% 和 41.1% 上升为 2010 年的 73.4% 和 73.4%，发展速度较快，已与美国、日本等相当并已高于英国，这有利于科技经济的一体化。

表 3—9 五个国家 1970—2010 年的居民申请国内发明专利数/百万人

年份	1970	1980	1990	2000	2010
美国	503	458	704	555	780
日本	1254	1635	3051	2846	2280
英国	1121	744	1705	524	250
韩国	57	133	733	1189	2670
中国	0	0	20	12	220

三　我国在科技推进现代化道路上面临的主要问题和任务

我国的现代化作为后发式的现代化，是在不同领域不断学习与追赶世界先进水平的发展过程，它具有双重任务：即不仅要追赶发达工业国家早已达到的历史目标，还要适应发达工业世界的当前发展趋势。换言之，就是既要推进从农业文明向工业文明转变的第一次现代化，又要推进从工业文明向知识文明转变的第二次现代化，这是我国现代化的总特征。这一总特征使得处于较低水平的我国科技和科技社会的发展也面临着多种不同类型的双重任务。具体来说：

第一，在科技自身的发展进程中，面临着科技转移和科技创新的双重任务。

我国是现代化后发国家，科技水平低，与发达国家差距大，进行科技转移是我国的必然选择，而当前发达国家已跨入知识社会，进入了科技创新阶段，创新已成为一个时代的特征，这一时代背景使我们在进行科技转移的同时，还必须开展科技创新，才能不至于越落越后，才能切实缩小与发达国家的差距。我国过去在这方面做得不尽如人意，在科技转移中，引进工作相对做得多，消化吸收就做得少；在科技创新中，技术创新做得也不如科学创新。由此进一步导致科技转移和科技创新的脱节。我国从洋务运动开始就进行科技转移，但一直不注重消化吸收。据统计，发达国家技术引进与消化吸收经费间的比例一般为 $1:10$（日本 1994 年为 $1:23$），而我国却正好颠倒过来，1994 年的比例为 $28.4:1$。近年来，随着相关科技政策的制定和实施，技术引进与消化吸收经费间的比例不断改善，2011年，我国企业技术引进经费 393.9 亿元，消化吸收经费 156.8 亿元，比例为 $2.5:1$。[①]

我们必须努力使引进、消化吸收、技术创新、科学创新诸环节有机地结合起来，以创新为目的有选择地引进，以引进为基础消化吸收后再创

---

① 科学技术部发展计划司：《科技统计报告 2013 年第 16 期（总第 551 期）——2012 年规模以上工业企业 R&D 活动分析》，2013 年 12 月 26 日，中国科技统计网（http://www.sts.org.cn/tjbg/dzxqy/dzindex.asp）。

新，进一步深化科技体制和经济体制的改革，真正解决科技和经济的脱节问题，从而形成科技创新带动科技转移，科技转移促进科技创新的良性循环。

第二，在科技经济方面，面临着发展工业经济和知识经济的双重任务。

目前，中国已从农业社会进步到工业化中期社会，实现工业化仍然是我国现代化进程中艰巨的历史任务。而发达国家 20 世纪 70 年代开始已初步进入了知识社会，工业经济衰弱，知识经济崛起，产业结构发生调整，第三产业占主导地位，并出现了大量的新的知识产业群。与此相对照，我国科技经济发展水平较低，一方面，人均科技投入量太低；另一方面，以工业经济为主，知识经济所占份额很少。

我国高技术产业科技含量也不高，所以我国发展工业经济、知识经济的任务相当艰巨。我们必须走一条新型的工业化道路，坚持以信息化带动工业化，以工业化促进信息化，要优先发展信息产业，加快高新技术产业化，培育新的经济增长点，另外要用信息技术改造传统产业，用集约型经济取代粗放型经济，加大科技的有效投入，盘活存量，走可持续发展的新型工业化道路，从而实现经济结构从低级向高级的重大跨越。

第三，在科技文化的建设方面，面临着发展近代科技文化和构建现代科技文化的双重任务。

科技文化伴随着近代科技的兴起而形成，并随着科技的发展而发展，发达国家科技文化已从近代科技文化发展为现代创新型科技文化。我国的科技文化发展水平则较低，主要存在两类问题：一是片面看重科技的为它价值而忽视科技的为我价值以及由自然经济和计划经济所必然造成的科技与经济相分离的观念。二是我国的科技文化滞后于发达国家科技文化的发展步伐，合作、创新、效率、效益、共享、人才、学习、绿色、系统等崭新观念还没有真正落实到行动中去。因此我国科技文化面临双重任务，既要吸收近代科技文化中的精华，如理性、实证、实效等观念，又要反映当代科技发展的时代精神，关注科技文化的发展前沿。从体现科技文化的数据来看，教育普及率的高低影响国民的科技素质，中国和发达国家相比存在较大的落差，试看 2010 年的统计数据，大学普及率：中国 23%，美国 95%，日本 74%，英国 61%，韩国 101%。中学普及率：中国 83%，美国 96%，日本 101%，英国 106%，韩国 97%（见表 3—7）。2010 年中国公众科学素养调查报告指出：每千人中只有 32.7 人具备基本的科学素养，而美国 1990 年，每千人中就有 69 人具备基本科学素养。[①]

　　发展科技文化的关键是依靠教育，必须改革和普及基础教育，大力发展高等教育，切实把教育摆在优先发展的位置上，增加教育投入，提升公众科技素质，跟上世界科技文化的发展步伐，与此同时，利用信息与通信技术加强公共服务，发展新一代传播手段，实现教育手段的多样化。还要提高教育投入的利用率，建立吸引优秀人才的良好文化氛围和环境，充分利用国际科技人力资源，减少本国人才外流。

　　第四，在科技体制的建设方面，面临着开展技术创新和科学创新的双重任务。

　　发达国家已经历了科技转移为主的阶段，正处于科技创新阶段，他们建立了适合科技创新的科技体制，并加以进一步完善。日本针对过去重视技术创新而忽视科学创新的弱点，调整了科技政策，提出了科技创新立国战略。英国针对过去重视科学创新而忽视技术创新的弱点，提出了技术产业化等政策。我国虽然科技转移的任务还相当艰巨，但整个世界已进入了科技创新的时代，必须建构起能适应技术创新和科学创新双重任务的科技体制，其中最核心的也是现阶段最重要的是加强企业技术创新主体地位，加快国家创新体系建设。

　　目前，除了一些大的企业，大部分企业仍然在技术创新上动力不足、实力有限，对 R&D 的投入很少，发展新技术主要是靠购买，总体来说，企业还没有真正成为技术创新的主体。必须进一步促进科技体制的建设和国家创新体系建设，从而促进全社会科技资源高效配置和综合集成。只要我们能切实地做好这些工作，不断妥善地解决发展进程中出现的各种问题，那么，我们就一定能实现我国科技发展的目标：在建党 100 周年前后，初步实现科技现代化，科技整体水平达到发达国家的中等水平；在建

---

　　① 中国科协：《第八次中国公民科学素养调查结果》，《科协论坛》2012 年第 12 期，第 30 页。

国 100 周年前后，全面实现科技现代化，科技整体水平跻身世界强国行列。① 我们也就一定能实现现代化的大业。世界的现代化进程从 18 世纪工业革命至今已有 200 多年，我国的现代化从洋务运动算起至今已有 100 多年，在这一现代化的进程中，科学技术所发挥的重大作用有目共睹。我国目前仍处于现代化的初等水平，科学技术的发展和现代化的建设任重而道远。只有遵循现代化的发展规律，努力加快科技和科技社会的发展，才能完成现代化大业，实现中华民族的夙愿。

---

① 路甬祥：《科学技术要走在前面——试论科学技术对现代化进程的影响》，《技术与市场》2003 年第 3 期，第 4—5 页。

第四章　科技经济的发展与中国现代化进程

　　科技经济是与科技有机结合的经济，各国工业经济的日益壮大和向知识经济的过渡反映了科技经济的不断成长。而生产力则是指人们在物质生产活动中形成的解决社会同自然之间矛盾的实际能力，是人类改造自然使其适应社会需要的物质力量。这种实际能力、物质力量越大，生产力就越先进。生产力的先进性是通过科学技术的先进性和发达程度集中体现出来的，先进生产力的本质是内含有先进的科技，科技知识的先进性是其主要标志，因此，科技经济与先进生产力这两个概念具有正相关性。下面，就从先进生产力的视角分析科技经济的发展与中国现代化进程的关系。

一　先进生产力是实现现代化的根本动力

1. 先进生产力系统的理论内涵

　　生产力作为一个系统，我们可以用系统的四因素即要素、结构、功能、环境来对它进行考察。任何一个系统，都是由若干要素经特定关系而构成的具有特定功能的整体。生产力的先进性也必然体现在生产力系统的要素、结构、功能、环境的先进性上。

　　生产力系统要素的先进性。生产力系统的构成要素包括实体性要素和非实体性要素两类，劳动者、劳动资料、劳动对象是实体性要素，而科技、管理等则是渗透进这三要素之中、把三要素有机结合起来，作为非实体性要素起作用的。这些要素的既定状况，具体体现着生产力的性质和水平，作为先进生产力，必然需要以先进生产工具为主的先进的劳动资料和先进的劳动对象以及掌握先进科学技术知识、具备较高素质和较强创新能力的先进劳动者，劳动者与劳动资料和劳动对象的结合科学合理。而先进生产力诸要素之中的先进成分都是与科技知识密切相关的，科技知识的先进性是主要标志，生产力的先进性是通过科学技术的先进性和发达程度集中体现出来的。

生产力系统结构的先进性。生产力的结构是指生产力诸要素的相互作用、相互联系的总和，它的先进与否也即劳动者、劳动资料、劳动对象、科学技术、管理等要素的相互联系和相互作用的性质、方式的先进程度如何，这些又具体表现为国民经济的产业结构、生产部门结构、生产技术结构、生产组织结构、劳动人口结构和生产资源结构等。生产力结构状况如何，直接决定着生产力的功能。

生产力系统功能的先进性。生产力的功能是生产力系统与外部环境相互联系、相互作用中表现出来的特性和能力，功能的先进性实际上决定于要素更主要的是结构的先进性。另外，由于功能是在环境中表现出来的，所以，还跟环境的好坏密切相关。具体而言，生产力系统的功能指生产力总体运行的结果、效能或经济效益，主要以生产力所创造的物质财富总量的经济指标（如国民生产总值、国民收入）和标志生产力效率高低的经济指标（如劳动生产率、人均国民生产总值、人均国民收入）来表示。

生产力系统环境的先进性。生产力系统作为一个开放系统，正是在与环境进行物质、能量、信息的交换过程中，才能发挥出它的功能。（一个好的环境会有利于生产力功能的发挥，一个差的环境则会起阻碍作用。）生产力系统的环境包括经济的、政治的、思想文化的和社会的环境以及自然环境、国际环境等。

综上所述，生产力系统的先进性体现在生产力要素的先进性、生产力结构的先进性、生产力环境的先进性，最终表现为生产力功能的先进性。

生产力系统的先进性不仅表现在规定该系统的要素、结构、功能、环境这四个必需因素上，还表现在生产力的历史发展进程中，与生产力本身所具有的始终进步性特点和发展不平衡性特点密切相关。

首先，生产力具有始终进步性特点。生产力是一种贯穿于人类社会始终的进步力量，它不断地朝前发展，先进的生产力取代落后的生产力，人类社会发展至今已经历了三代不同的生产力发展阶段。第一代是以手工工具为标志的手工生产力，其分工形式为自然分工，经济形态主要是自然经济，劳动者以体力型为主体，产业结构以农业为主体，人类在18世纪中叶第一次产业革命以前的漫长岁月中，都处于这一阶段。第二代是以机器为标志的机器生产力，其分工形式是劳动产品交换的社会分工，经济形态是商品经济，劳动者从体力型变为脑力型，产业结构以工业为主导，从18世纪中叶的第一次产业革命开始到20世纪的40年代，都属这一阶段。第三代是以微电子技术为标志的信息生产力，自动化机器体系取代普通机器体系，生产的社会化程度进一步提高，劳动者以脑力劳动者为主体，产业结构以知识密集型产业为主体，这个阶段从20世纪40年代开始的第三次产业革命开始。所以，人类社会生产力是一个不断进步的历程。

其次，生产力具有不平衡性特点。生产力在同一时期内不同的地区、国家及行业、部门之间，可以表现在不同发展阶段上，有先进有落后，是不平衡的。如在古代，东方的生产力超前于西方的生产力，而近代以后，随着工业革命的兴起，西方后来者居上，生产力的发展速度极快，生产力水平世界领先。另外在不同的行业、部门，生产力的水平也会有高有低，如英国工业革命中，纺织业成为实现工业化的火车头，英国纺织工业的机械化，带动所有工业部门的机械化；德国的煤化工业作为产业革命的突破口，也起到了带头行业的作用。

可见，生产力显示出时间和地域的差别性。从而，生产力的先进与落后是相对的，对于过去来说是先进的，但对于将来而言则是落后的；对于某些国家、地区、行业、部门来说是先进的，但对于另一些国家、地区、行业、部门而言则是落后的。由生产力时间的差别性得知，要不断发展出最新的生产力，靠内部力量使生产力不断向前演进；由生产力地域的差别性得知，要按照生产力的转移规律，依靠外部力量，学习先进国家、地区、部门和行业的生产力为自己所用。所以，要发展先进生产力，就要不断创新，不断学习（转移）生产力。总之，先进生产力的思想既包含创新的观点，又包含开放的观点。

2. 先进生产力的发展与西方国家现代化历程

根据上述现代化与先进生产力本质关系理论以及先进生产力系统内涵理论，我们来分析一下西方现代化历程与先进生产力发展的紧密关系。在各国现代化的发展进程中，发展先进生产力是实现现代化的根本推动力量，我们试从英国、美国等西方国家的现代化启动及早期的发展情况作一分析。

英国是第一个走上现代化道路的国家，18 世纪 60 年代，在英国开始了产业革命，至 19 世纪三四十年代完成，前后历时七八十年，产业革命使英国的生产力得到了巨大发展，整个生产力系统发生变革，生产力系统的要素、结构、功能、环境都得到更新。

从要素看，在产业革命之前，英国就非常重视发展科学技术，牛顿力学的建立为蒸汽机技术革命打下了基础，17 世纪到 1830 年，世界科学技术中心由意大利转到英国，在英国发生了历史上前所未有的科学革命、技术革命和产业革命。以蒸汽机的广泛应用为标志的这场革命，使英国率先变为工业国，获得了世界性的工业优势。从结构看，生产体制进一步从手工业工场发展为工厂制度，以机器为主体的工厂制度代替了以手工技术为基础的手工工场，以机器大工业为特点的近代工业体系形成。英国劳动力就业结构改善，1820 年，农业 38%、工业 33%、服务业 30%；1870 年，农业 23%、工业 42%、服务业 35%。生产力系统的要素和结构的发展变化，引来了生产力系统功能的空前提高，1770 年到 1840 年的 70 年间，英国工业的平均劳动生产率提高了 20 倍，1830 年，英国人均实际国民生产总值（GNP）估算为 370 美元。① 从环境因素看，资本主义生产关系的确立，资产阶级革命后建立起来的君主立宪制，为英国发展生产力提供了必要的经济前提和政治前提，英国众多的殖民地所拥有的巨大的资源和市场，为英国生产力发展形成良好的国际环境，而当时的自然环境、生态系统为生产力的快速发展也开了绿灯。正是生产力系统的巨大发展，使英国走上了现代化道路。

美国的现代化起步较晚，但发展却很快。美国人实行了引进与创新相结合的思路，1860 年，160 万欧洲移民进入美国，1875 年达到 260 万，他们把欧洲的科学技术带到美国，后来成为欧美天然的信息渠道。19 世纪上半叶，美国引进了英国的蒸汽技术，19 世纪下半叶到第一次世界大战前，美国又成功地引进了德国的化工、电力与内燃机技术。美国在引进欧洲技术的基础上，进行了一系列创新，爱迪生的发明，在美国兴起了一场电力技术革命，创造了大规模的生产方式，建立和发展了工业实验室，

---

① ［美］戴维·S. 兰德斯:《国富国穷》，新华出版社 2001 年版，第 324 页。

开创了工业研究的新时代。

美国发展先进生产力的成效是显著的，1860—1890 年，美国通过工业技术革命、创新，使产值上升 9 倍。到 1880 年，它已经是西方第二经济大国。1890 年，跃居世界第一，许多工业产品产量都居世界第一位，其黄金储量占世界一半。1900 年，人均收入超过欧洲，1913 年黄金储量达到 70%，成为世界经济的一霸。劳动力就业结构发生重大改变：1820年：农业 70%，工业 15%，服务业 15%；1870 年：农业 50%，工业 24%，服务业 26%；1913 年：农业 28%，工业 30%，服务业 43%。人均实际国民生产总值（GNP）迅速提高：1830 年为 240 美元；1860 年为550 美元；1913 年为 1350 美元。[①]

此外，美国的优越自然条件，南北战争后统一的体制，善于吸纳外来先进事物的多元文化环境，以及与欧洲的天然联系等，给生产力的发展提供了良好的环境。

与这几个国家相反，西班牙与葡萄牙虽然在 17 世纪曾经辉煌过，美洲大陆的发现与好望角航线的发展，使两国的财富大大增进，拥有了巨量资财，但没有用在本国生产力发展上。西、葡两国用掠夺来的金银向外国购买工业品，英国的工业产品泛滥于西、葡两国的市场，使两国的工业面临崩溃的境地。李斯特说："英国人为了要在最巩固的基础上建立国家繁荣的结构，足足忙了几个世纪，而西班牙人与葡萄牙人却凭了他们的新发现，一下子就发了财，在极短促时间内拥有了巨大财富，但这是浪子手里的财富，是中了头奖得来的；而在英国人手里的财富则好比是一个克勤克俭的家长辛苦集聚起来的。"[②] 两条道路，两种命运，英国人发展先进生产力，国家从后进走向强盛，西、葡两国拥有财富，而不具备创造财富的能力，则从富裕走向衰落。可见，财富的生产力比财富本身更重要。

回顾西方这些国家走上现代化的过程，我们获得的最强烈的感受就是，要迅速地发展先进生产力。英、美等国都是通过引进和创新努力发展生产力取得了成功，西、葡两国作为反例，不重视生产力发展，结果已有的财富也会丧失。

---

① ［美］戴维·S. 兰德斯：《国富国穷》，新华出版社 2001 年版，第 324 页。

② ［德］李斯特：《政治经济学的国民体系》，商务印书馆 1961 年版，第 56 页。

二　先进生产力的发展推动中国现代化进程

1. 中国现代化进程中的经验与教训

中国现代化历程，大致可以分为四个阶段：第一阶段，1860—1911年清王朝为挽救其灭亡命运而从事的现代化努力，主要包括洋务运动、维新运动与立宪运动。洋务运动是中国现代化运动的开端，洋务运动通过引进西方先进的生产力，创办了中国第一批近代军事工业、民用工业，兴办了近代教育事业，建立了中国第一支近代海军，开始了工业化历程。第二阶段，1911—1949年资产阶级领导的资本主义现代化努力，1911年孙中山先生领导的辛亥革命成功，中国进入了所谓"共和时代"。1918年，孙中山撰写了《实业计划》一书，勾画出孙中山先生致力于中国现代化的宏伟蓝图。1927年成立的南京国民政府，一定程度上推进了民族工业的发展。但中国的现代化仍然是道路坎坷，进展缓慢。到1949年，中国仍然是一个贫穷落后的国家，农村人口仍占全国总人口的82.6%。第三阶段，1949—1978年传统社会主义模式下的现代化。1949年新中国成立，开始了全面的现代化建设，从1949—1965年，重点是发展工业化。1952年，毛泽东提出"一化（工业化）三改（对农业、手工业和工商业的改造）"。1954年，周恩来总理在政府工作报告中正式提出要把我国建成为"一个强大的社会主义的现代化的工业国家"。这个时期的现代化，由于党的领导及全国亿万人民的努力，在我国基本上建成了门类齐全的工业体系，科技与文化有了巨大的发展，人民的生活水平也有了显著的改善。中国以一个全新的面貌出现在世界面前。但是，这一时期的现代化建设也经历了曲折和停滞，特别是"文化大革命"的十年动乱，使国民经济达到崩溃的边缘。第四阶段，1978年以来的具有中国特色的社会主义现代化，党的十一届三中全会以后，开始了中国社会主义现代化的新历程。邓小平提出了现代化发展战略，邓小平理论为确立具有中国特色的社会主义现代化奠定了基础。通过改革开放以来近40年的努力，我国取得了举世瞩目的成就，中国的国际地位空前提高，已达到了初等发达国家水平。

回顾我国的现代化之路，前两个阶段虽说都有所发展，但都并不成功，主要原因就在于因各种国际国内因素的影响，先进生产力的发展相当缓慢，清朝末年的现代化努力与资产阶级领导的资本主义现代化都是在内忧外患交困的形势下发生的，是在帝国主义和封建主义的双重压迫下进行的，这些特点决定了中国现代化开始阶段的艰难曲折性，先进生产力的发展受到极大阻碍，严酷的政治环境和落后的文化环境都不利于先进生产力的发展。这两个阶段，环境因素对发展先进生产力可以说构成了极大的制约。第三个阶段，1949 年中华人民共和国成立后，中国人民走上了独立自主的道路，开始在现代化的道路上快速前进，然而不久，由于极左思潮的严重干扰，只讲政治不讲经济，只讲精神不讲物质，超前变革生产关系，批"唯生产力论"，不重视科技发展，不重视教育，从而影响了大量劳动者素质的提高，以及违背经济规律，利用群众运动搞经济，再加上国际形势的严峻和自我封闭政策，这样既学不到国外的先进生产力，又很难提高自身的生产力水平，正是由于整个生产力系统不论是要素、结构、还是环境条件都不理想，从而使我国的现代化进程又一次被延缓。党的十一届三中全会后，现代化建设得到顺利推进，现代化发展速度加快，关键在于发展先进生产力，使整个生产力系统得到了较为协调的发展。经济、科技、教育、政治体制等的全方位改革大大解放了生产力，科学技术、教育事业的快速发展，对外开放引进先进的科技、管理、资金、人才的政策等进一步发展了生产力，劳动力结构得到改善，农业劳动力占总劳动力比例不断下降，从 1970 年的 80% 下降至 2010 年的 40%，人均国民生产总值（GNP）不断增加，从 1970 年的 114 美元上升为 2010 年的 4433 美元；大学普及率不断上升，从 1970 年的 1% 上升为 2010 年的 23%；总的来看，我国 1970 年现代化实现程度是 40%，而至 2010 年现代化实现程度已达 89%，世界排名从 1970 年的第 71 位上升为 2010 年的第 59 位。①

2. 我国发展先进生产力的若干关键因素

然而我们也要看到现代化道路上的问题，其中最关键的是要解决发展

---

① 何传启主编：《中国现代化报告 2013——城市现代化研究》，北京大学出版社 2013 年版，第 326 页。

先进生产力中遇到的问题。至少有以下几方面：

第一，作为生产力主导因素的人的问题。高素质的劳动者需要教育来培养，但我国教育经费投入还不够，它在国民生产总值中所占的比例偏低，这与优先发展教育的方针相违背，也给科教兴国战略的实施、贯彻带来困难。另外，大量人才外流，尤其是一些高级人才，到国外寻求发展空间，在当今人才争夺成为国际竞争的焦点的情况下，如何留住人才、吸引国内外人才、用好人才已经是至关重要。

第二，引进与交流问题。我国属后发式国家，充分利用后发优势，学习引进先进国家的科技、管理、人才、资金等，是我国实现现代化的必然途径。从技术引进看，1991 年以来中国的技术引进增长迅猛，这作为后发国家是正常的。但引进主要是为了消化、吸收，化为己有，再进一步创新，从而提高自身的生产力，这样才能逐步赶上先进国家，实现现代化。而不能落入引进—落后—再引进—再落后的恶性循环之中。另外，目前经济全球化与科技国际化的发展趋势不可逆转并加速向纵深发展，各国之间，既合作又竞争的格局已经形成，这要求我们积极参与国际经济、科技的双边、多边的交流，积极参与国际产业分工和转移。

第三，创新问题。纵观世界现代化历程，三次科技革命导致三次现代化浪潮，科技创新特别是原始创新是推动人类社会前进的巨大动力，当今世界，科技创新能力成为经济实力、综合国力竞争的决定性因素，成为国际竞争的制高点。现在不少国家都把提高原始创新能力，抢占未来科技、经济制高点作为重要内容，并把原始创新从企业、科研机构层次提升到国家一级。我国这方面还比较弱，单从技术创新的中心环节研究与发展（R&D）经费占国内生产总值（GDP）的比重看，我国 2010 年为 1.76%，美国为 2.74%（见附表 2—1—1）。

习近平总书记多次强调，科技创新是提高社会生产力和综合国力的战略支撑，必须摆在国家发展全局的核心位置。"中共中央关于制定国民经济和社会发展第十三个五年规划的建议"提出，要深入实施创新驱动发展战略，发挥科技创新在全面创新中的引领作用。科技创新是实现"两个一百年"奋斗目标、实现中华民族伟大复兴的核心动力，我们要树立创新精神、提高创新能力、塑造创新人才、营造创新文化、建立创新机制，充分释放全社会创业潜能，发挥大众创业、万众创新和"互联网＋"集众智汇众力的乘数效应。

第四，生产力跨越式发展问题。从现代化建设第一、第二步战略目标过渡到第三步战略目标，是经济发展从量变到质变的重大变化，必须要求生产力发生质的飞跃，实现经济结构从低级向高级的重大跨越。要加快高新技术产业化，培育新的经济增长点，另外要用信息技术改造传统产业，盘活存量，要尽快发展核心技术，拥有自主知识产权，提高高新技术产业的附加值，使高新技术产业真正名副其实。要把科技创新真正作为经济发展的动力，着力实施创新驱动发展战略，促进科技与经济深度融合，提高实体经济的整体素质和竞争力，强化企业创新主体地位，实现生产力跨越式发展。

第五，生态环境问题。我国经济结构特别是产业结构不合理，对生态、环境、资源产生越来越大的压力，不少资源被掠夺性的开采和高消耗，已难以支撑经济的持续发展。低水平、高消耗、高污染，而高技术含量、清洁生产、高效率的先进生产装置和工艺尚短缺。环境污染形势仍很严峻，严重雾霾天气在一些地区时有发生。我国的单位国民生产总值的能耗和主要材料消耗均明显高于世界先进水平，平均劳动生产率则明显低于发达国家。

事实证明，不调整经济结构，我国的经济发展就难以持续，现代化建设的进程就会严重受阻。历史和现实向我们昭示，现代化的核心是先进生产力。发展先进生产力的过程中固然会遇到众多问题，但只有知难而进，才能完成现代化的大业，实现中华民族的夙愿。

三　低碳经济是现代化的应有之义

科技经济的两种历史形态是工业经济和知识经济。各国工业经济的日益壮大和向知识经济的过渡正是科技经济不断成长的反映。低碳经济与工业经济、知识经济是处于不同层面的经济学概念，低碳经济是知识经济形态的一种具有实践意义的经济表象。世界的现代化历程是从农业文明走向工业文明再到知识文明的过程，因此，在人类现代化的进程中，低碳经济是必然选择，低碳经济是现代化发展到一定阶段的必然要求。所谓"低碳经济"，就是以碳为基础的燃料（煤、石油和天然气）所排放的二氧化碳得到显著降低的经济，是以低能耗、低污染、低排放为基础的经济。其目的是减缓以二氧化碳为主的温室气体的排放，保护全球气候。发展"低碳经济"，实质是要调整能源结构，发展和利用低碳和无碳能源，提高能源效率，低碳经济已经成为经济社会发展的必然趋势，发展低碳经济已成为国际社会的共识。低碳经济主要涉及三大领域：工业、交通体系和建筑，低碳产业、低碳交通和低碳建筑等共同构成低碳经济的重要组成部分。2009 年年底，我国政府为应对全球气候变暖问题，宣布到 2020 年我国单位国内生产总值二氧化碳排放比 2005 年下降 40%—45%，并提出我国要"加快建设以低碳为特征的工业、建筑和交通体系"。2015 年 6 月，中国正式向联合国提交 2020 年后应对气候变化的"国家自主决定贡献"：二氧化碳排放 2030 年左右达到峰值并争取尽早实现，单位国内生产总值二氧化碳排放比 2005 年下降 60%—65%，非化石能源占一次能源消费比重达到 20% 左右，森林蓄积量比 2005 年增加 45 亿立方米左右。中国还计划于 2017 年启动全国碳排放交易体系，并把应对气候变化的行动列入"十三五"发展规划中。下面就以低碳交通来分析我国现代化进程中低碳经济的发展。

1. 低碳交通是现代化发展到一定阶段的必然要求

低碳交通是随着低碳经济概念的提出而提出的。交通，即人和物的转运输送，是各种运输的总称。交通具有先导性、基础性、系统性、公共性等特点，交通的发展往往是经济发展的先导和基础，对经济社会发生巨大的影响，但也正因为这种先导性和基础性，使交通发展的路径依赖特点较大，一定的交通模式确立后、交通工具使用习惯后，会形成某种交通文化，要进行改变阻力较大；交通是一个系统，包括公路、铁路、水路、航空等多种运输方式，也包括交通工具、交通路网、交通场站、交通对象等多个因素以及协调这些因素的交通组织；交通属于准公共物品，存在部分的非竞争性和非排他性，交通的投入不少要由政府提供。低碳交通是指以低能耗、低污染、低排放为特征的交通体系。低碳交通不仅具有一般交通的共性，即先导性、基础性、系统性、公共性，还有不同于一般交通的特点，即低能耗、低污染、低排放。我国正处于工业化中期阶段，按照已完成工业化的发达国家的以往经验，这一时期正是能源消费的增长速度高于国内生产总值的增长速度的时期，处于高碳经济模式、高碳交通模式阶段，但由于发达国家长期碳排放的历史积累效应，使我国在还没有完成工业化时，就已面临严重的温室效应，我国面临着工业化和低碳化的双重挑战，也面临着发展低碳化现代交通体系的挑战。

现代化是一个不断发展的过程，低碳交通是现代化发展到一定阶段的必然要求。根据现代化理论，世界现代化的总进程可划分为两大阶段，即第一次现代化和第二次现代化。第一次现代化指从农业文明向工业文明的转变过程；第二次现代化指从工业文明向知识文明的转变过程。西方发达国家已进入第二次现代化即知识化。现代化的不同阶段有不同特点，第一次现代化阶段的主要特点是工业化和城市化；第二次现代化阶段的主要特点是知识化、非城市化、生态化、网络化、信息化。生态化是第二次现代化的一个重要特点，它要求经济发展模式的转变，由不可持续发展向可持续发展转变，由高碳化转向低碳化，实现低排放、低污染、低能耗，有效缓解气候变暖和温室效应，减少环境污染。已进入第二次现代化阶段的发达国家正在积极行动，向低碳经济转型，向低碳交通转型，"低碳交通：一个更加绿色的未来"战略计划作为英国政府实现国内减排目标的总体政策的组成部分，明确了到 2022 年英国交通领域减排的政策与提议。美国近年来大量投资，以实现刺激经济、减少温室气体排放和提高能源安全的目标。按照已完成工业化的发达国家的经验，我国目前应从高碳经济模式向低碳经济模式转变，但我国的现代化已不具备发达国家历史上的资源和环境条件，资源和环境向我们的高碳发展模式亮起了红灯，我们必须探索低能耗、低排放的新型交通现代化之路。

2. 我国交通温室气体排放现状及其特点

近年来，随着我国经济社会得到了持续快速的发展，交通运输业也得到了飞速发展，但同时带来了交通能源消耗和二氧化碳排放量的急剧上升。有关研究报告表明，汽车、轮船、飞机和火车等交通工具所使用燃料释放的气体，是目前造成全球变暖的主要原因之一，交通领域的碳排放已成为增长最快的领域之一。目前，交通领域的碳排放要占到全球总碳排放的 13%，在英国占到国内总碳排放的 21%，在中国占到国内总碳排放的 8%。[①]

我国交通温室气体排放呈现出以下特点：

（1）经济快速发展的同时交通运输业也迅猛增长

表 4—1　　　　　　2005—2009 年我国经济和交通发展有关情况

经济和交通状况	2005 年	2006 年	2007 年	2008 年	2009 年	五年平均年增长率
GDP（亿元）	182321	209407	246619	300670	335353	—
GDP 比上年增长（%）	9.9	10.7	11.4	9.0	8.7	9.94
民用汽车（万辆）	4329	4985	5697	6467	7619	—
民用汽车比上年增长（%）	20.6	15.2	14.3	13.5	17.8	16.3
私人汽车（万辆）	2365	2925	3534	4173	5218	—
私人汽车比上年增长（%）	22.0	23.7	20.8	18.1	25.0	21.9
货物运输周转量（亿吨公里）	78329.8	86921.2	99180.5	105512.9	121211.3	—
货物运输周转量比上年增长（%）	12.8	8.4	11.8	3.8	9.8	9.3
旅客运输周转量（亿人公里）	17473.0	19202.7	21530.3	23372.2	24773.6	—
旅客运输周转量比上年增长（%）	7.1	9.9	12.2	8.2	6.8	8.8

注：表中内容根据中华人民共和国国民经济和社会发展统计公报（2005 年、2006 年、2007 年、2008 年、2009 年）计算整理而成。

表 4—2　　　　　　2010—2014 年我国经济和交通发展有关情况

经济和交通状况	2010 年	2011 年	2012 年	2013 年	2014 年	五年平均年增长率
GDP（亿元）	397983	471564	519322	568845	636463	—
GDP 比上年增长（%）	10.3	9.2	7.8	7.7	7.4	8.48

[①]　华龙网：《英国低碳转型之交通转型计划》，2009 年 8 月 25 日，（http：//cq.cqnews.net/dt/dtxw/qqyd/200908/t20090825_ 3537596.htm）。

经济和交通状况	2010 年	2011 年	2012 年	2013 年	2014 年	五年平均年增长率
民用汽车（万辆）	9086	10578	12089	13741	15447	—
民用汽车比上年增长（%）	19.3	16.4	14.3	13.7	12.4	15.22
私人汽车（万辆）	6539	7872	9309	10892	12584	—
私人汽车比上年增长（%）	25.3	20.4	18.3	17.0	15.5	19.3
货物运输周转量（亿吨公里）	137329.0	159014.1	173145.1	186478.4	184619.2	—
货物运输周转量比上年增长（%）	12.4	12.1	8.7	7.3	9.9	10.08
旅客运输周转量（亿人公里）	27779.2	30935.8	33368.8	36036.0	29994.2	—
旅客运输周转量比上年增长（%）	11.9	10.9	7.7	7.9	8.8	9.44

注：表中内容根据中华人民共和国国民经济和社会发展统计公报（2010 年、2011 年、2012 年、2013 年、2014 年）计算整理而成。

近年来，我国经济快速发展，2005—2009 年，我国 GDP 年均增长率为 9.94%，与此同时交通运输业迅猛发展，2005—2009 年，货物运输周转量年均增长率为 9.3%，旅客运输周转量年均增长率为 8.8%，均接近 GDP 的年均增长率，四种运输方式中发展最快的是民航，其货物、旅客的运输周转量的综合年均增长率达到了约 13%，2005—2009 年，年均增长率尤其显著的是民用汽车保有量，达到了 16.3%，而其中私人汽车保有量的年均增长率更高，达 21.9%，大大超过了 GDP 的年均增长率。[①]

2010—2014 年，我国 GDP 年均增长率为 8.48%，与此同时交通运输业迅猛发展，2010—2014 年，货物运输周转量年均增长率为 10.08%，旅客运输周转量年均增长率为 9.44%，均超过 GDP 的年均增长率，2010—2014年，年均增长率尤其显著的是民用汽车保有量，达到了 15.22%，而其中私人汽车保有量的年均增长率更高，达 19.3%，大大超

---

① 中华人民共和国国家统计局：《中华人民共和国国民经济和社会发展统计公报（2005 年、2006 年、2007 年、2008 年、2009 年）》，中华人民共和国国家统计局网站（http://www.stats.gov.cn/tjsj/tjgb/ndtjgb/）。

过了 GDP 的年均增长率。[1]

（2）交通能耗和温室气体排放以公路机动车为主

我国交通主要包括铁路、公路、水运、民航四种运输方式，四种运输方式中无论是客运还是货运，都以公路运输方式为主，2009 年我国公路客运量占我国客运总量的 93.38%，同年的铁路客运量和航空客运量及水运客运量只占我国客运总量的 5.11% 和 0.77%、0.74%。2009 年我国公路货运量占我国货运总量的 75.22%，而同年的铁路、水路、航空的货运量都分别只占我国货运总量的 11.94%、11.26% 和 0.016%[2]。2014 年我国公路客运量占我国客运总量的 86.32%，同年的铁路客运量和航空客运量及水运客运量只占我国客运总量的 10.69%、1.77% 和 1.18%。2014 年我国公路货运量占我国货运总量的 76.13%，而同年的铁路、水路、航空的货运量都分别只占我国货运总量的 8.68%、13.57% 和 0.014%。[3] 因此公路运输占有绝对多数，交通能耗和温室气体排放首先以公路机动车为主，其次水路运输主要是水路货运占有一定的份额，最后是航空的客运和货运，但占比很小，而且航空运输主要在远离地面的空中进行，铁路由于现在基本上是电力机车，其温室气体排放较低。

表 4—3　　　　　2009 年与 2014 年四种运输方式的客运量比重

	公路客运量比重（%）	铁路客运量比重（%）	航空客运量比重（%）	水运客运量比重（%）
2009 年	93.38	5.11	0.77	0.74
2014 年	86.32	10.69	1.77	1.18

---

[1]　中华人民共和国国家统计局：《中华人民共和国国民经济和社会发展统计公报（2010年、2011 年、2012 年、2013 年、2014 年）》，中华人民共和国国家统计局网站（http://www.stats.gov.cn/tjsj/tjgb/ndtjgb/）。

[2]　中华人民共和国国家统计局：《中华人民共和国 2009 年国民经济和社会发展统计公报》，中华人民共和国国家统计局网站（http://www.stats.gov.cn/tjsj/tjgb/ndtjgb/qgndtjgb/201002/t20100225_30024.html）。

[3]　中华人民共和国国家统计局：《中华人民共和国 2014 年国民经济和社会发展统计公报》，中华人民共和国国家统计局网站（http://www.stats.gov.cn/tjsj/zxfb/201502/t20150226_685799.html）。

表 4—4   2009 年与 2014 年四种运输方式的货运量比重

	公路货运量比重 (%)	铁路货运量比重 (%)	航空货运量比重 (%)	水运货运量比重 (%)
2009 年	75. 22	11. 94	0. 016	11. 26
2014 年	76. 13	8. 68	0. 014	13. 57

（3）汽车保有量不断上升，其中私人汽车的增速最快

近年来，我国汽车保有量不断上升，民用汽车保有量从 2005 年的 4329 万辆增加到 2014 年的 15447 万辆，9 年增加了 3.6 倍，尤其是其中的私人汽车增速惊人，从 2005 年的 2365 万辆增加到 2014 年的 12584 万辆，9 年增加了 5.3 倍，年均增长率为 20.5%（见表 4—1、表 4—2），可见我国近年来汽车的保有量迅速上升的原因主要是私人汽车的旺盛的购买力，我国每年的汽车增量实质是私人汽车的增量。私家车的快速增长，一方面是因为我国近年来经济发展速度快，经济总量已位列世界前列，进入了工业化中期阶段，一些地区已进入工业化后期阶段，这一时期正是私人汽车迅猛发展的时期；另一方面也显现出我国公共交通还有待于进一步发展，公共交通的分担率还较低，与世界先进水平还有很大差距，快速通畅、低耗能、零排放的轨道交通还需要加快发展，公交线路的覆盖率、运营密度还较低。因此大力发展公共交通，对于我国这样的人口多、土地资源和环境容量有限的国家很有必要。

（4）交通二氧化碳排放总量持续上升

由于交通运输业的快速发展，我国的交通能耗和交通二氧化碳排放量也在迅速增加，就民用汽车而言，若以一辆车年平均耗油约为 2 吨计算，则 2014 年我国民用汽车的耗油量为 3.1 亿吨，相应的二氧化碳排放量为 9.7 亿吨，目前民用汽车以年均 14.0% 的增长率增加，也就意味着其能耗与排放量的相应快速增加。航空业目前所占交通二氧化碳排放量的比例虽然还很低，2009 年全国各机场的飞机起降架次为 484.1 万架次，按每架次耗油 6 吨计算，全国 2009 年航空业的二氧化碳排放量为 4444 万吨。2013 年全国各机场的飞机起降架次为 731.5 万架次，按每架次耗油 6 吨计算，全国 2013 年航空业的二氧化碳排放量为 6715.1 万吨。若作一个粗略的估算，我国航空二氧化碳排放量占我国交通二氧化碳排放总量的比例

不会超过 10%，但由于近年来我国民航业发展较快，其二氧化碳排放量的绝对值和占比都会有较大提高，这也是导致交通二氧化碳排放总量和人均交通二氧化碳排放量持续上升的不可忽视的因素。由于 2014 年我国的二氧化碳排放总量为 114.2 亿吨（2014 年全国能源消费为 42.6 亿吨标准煤）[①]，根据前面的估算，我国全年交通二氧化碳排放量占我国二氧化碳排放总量的比例不会低于 6.2%。有数据表明，我国交通领域的碳排放已占到国内总碳排放的 8%，根据发达国家现代化进程的历史发展规律，这一比例还将继续提高。

3. 现代化进程中我国低碳交通的发展对策

在我国发展低碳交通的过程中，应充分考虑我国的现代化进程的特点和交通发展的特点，借鉴生态现代化理论，在发展低碳交通中注意遵循以下原则：

一是预防原则。交通模式一旦形成，改变很难，代价很大，具有路径依赖性。我国工业化过程中已形成或将形成的交通体系会影响到今后的交通发展，我们要从过去的应急和治理模式，转向预测和预防模式，要求工业和交通部门通过建立"预防计划"，更多、更及时地处理它们产生的健康和环境灾害。

二是系统原则。发展低碳交通是一个系统工程，要从系统的角度治理，不仅要注重低碳交通的各个要素，包括相关的技术、制度、观念、政策等，更要重视这些要素的相互整合，形成一种低碳交通的模式和社会。

三是协调原则。要使交通发展和保护环境相协调，自然是资源，是有限的，不能牺牲环境发展交通，但也不能只保护环境而停止交通发展。大幅度减低交通发展和环境退化的关联性，使交通产业进入新的轨道。

四是政府主导原则。交通特别是低碳交通具有较强的公共物品性质，需要加强政府的管理，发挥我国政府推动力强的优势，凭借我国近年来迅速上升的经济实力，由政府推动和主导，这是促进我国低碳交通发展的必

---

① 中华人民共和国国家统计局：《中华人民共和国 2014 年国民经济和社会发展统计公报》，中华人民共和国国家统计局网站（http://www.stats.gov.cn/tjsj/zxfb/201502/t20150226_685799.html）。

由之路。

为了建成低碳化的城市交通系统，实现我国低碳交通目标，应采取以下对策：

（1）加快经济结构转型，夯实低碳交通基础

交通运输业与经济发展程度、经济结构紧密相关，一般而言，交通运输与经济增长成正比，但也应该看到，交通运输业还与经济发展方式相联系，粗放型的、低级的经济发展方式会比集约型的、高级的经济发展方式需要更大的交通运输量、产生更多的交通能耗和交通温室气体排放。所以，加快经济发展方式转变，实现经济结构转型，使我国经济结构摆脱锁定局面，往高端发展，这将为低碳交通奠定坚实的经济基石。

（2）转变交通发展观念，形成新低碳交通伦理价值观

传统的观念认为，自然基本是免费物品和能够用作"接收器"。但实践证明自然是公共物品或资源，是有限的，由此我们必须形成新的低碳伦理价值观，提倡生活的低碳化，使人们以积极的态度参与到低碳交通的行动中去，鼓励人们适度消费、绿色消费，减少出行，倡导步行、自行车出行和公交出行。关注城市发展模式，城市设计中道路先行，设计紧凑型城市。对私家车实行"允许拥有、有节制地使用"的政策。

（3）优化综合交通体系，加大低碳交通比重

由于前些年我国铁路运输发展缓慢，公路和航空运输超前发展，导致我国交通体系结构失衡，在铁路、公路、水运、民航和管道五种运输方式中，成本高、能耗大、碳排放量高的公路运输占有绝对多数，形成了高碳化的运输模式。我们要调整、优化综合交通体系，减低高碳交通比重，加大低碳交通比重，大力推进铁路、水运和管道这些低碳化的运输方式，加快高速铁路、城际铁路的建设，加快水运的快速发展，使具有低能耗、大运量、高安全性的水运在交通运输体系中重新确立其应有的地位，重新发现水运的价值。

（4）加强公共交通体系建设，加快公共交通优先发展

目前，我国城市的公共交通分担率还很低，城市轨道交通具有大容量、高速度、节能环保的优点，是我国城市加快公共交通优先发展的重要举措和突破点，目前城市轨道交通建设在我国正处在快速发展阶段，是破解城市交通难题的良方。同时要加快公交车交通的优先发展，真正发挥公

交车交通在城市公共交通中的主力军作用，构建合理的交通结构。要建立自行车交通体系，实行自行车租赁服务制度，解决最后一公里问题，实现公交、轨道、自行车等各种公共交通方式的互相衔接，建设公共交通换乘系统，形成各种公共交通方式分工合理、联系紧密、运转协调的公共交通系统，适应由于区域经济、城镇体系和城市布局不断发展而带来的居民出行的需求变化。

（5）加强科技创新和制度创新，形成低碳交通的科技支撑和制度约束

坚持科技兴交，以科技创新推动低碳交通发展。使我国的相关科研水平能紧紧跟踪新技术汽车的研发前沿，并实现产业化，使我国汽车产业向绿色汽车产业体系靠拢，力争使我国汽车产业在这新一轮的转型之中获得发展的先机；加快运输工具的改造，严格限制能耗高排放多车辆、船舶的购买和使用，严格执行车辆报废制度，对旧车提前报废进行经济补贴。发展清洁能源运输工具，大力发展天然气汽车和电动汽车，制定鼓励人们购买天然气汽车和电动汽车的优惠政策。通过财政与税收政策，加大对节能型汽车和替代燃料的支持力度。利用市场机制推动交通的低碳化转型，通过燃油税、碳税等的征收，推动交通的低碳化。

交通领域的二氧化碳排放是一种刚性碳排放，随着我国现代化进程的不断深入，产业能耗会逐步下降，但交通的能耗将会继续上升，最终，交通能耗将占总能耗的30%左右。[1] 因此，要明确交通领域减排目标，通过观念的转变、科技的支撑、制度的创新、结构的转型，并且发挥我国政府强有力的主导作用，落实好当前国家应对气候变化的各项要求和措施，使我国交通的发展与保护环境相协调，实现交通的低碳化和现代化。

---

① 陈磊、张于牧：《刚性碳排放，绕不过的"坎儿"》，《科技日报》2009年12月2日第7版。

第五章　科技文化的生长与中国现代化进程

一　我国科技文化的生长

1. 科技文化的规定性

广义的科技文化是指人们运用科技，变革、适应自然和社会的方式以及实际成果。现代科技文化，已形成由物质层次、制度层次、精神层次组成的相对独立的亚文化体系，并已成为推动人类物质文明、制度文明和精神文明发展的最强大的基本力量。物质层次的科技文化，体现在近代以来由科学技术进步所不断创造出来的一系列"人工自然"的物质成就中，与人类生产与生活状况的改善和进步联系最直接、最密切；制度层次的科技文化，体现在近代以来科学技术和政治、经济、文化、教育、军事等社会各个领域的体制与组织管理的一系列变革中；精神层次的科技文化，则体现在由近代以来的科学技术发展所产生的人类精神世界和意识形态领域的巨大变革中。①

狭义的科技文化是指精神层次的科技文化。狭义的科技文化分为四个层面：自然观：通过科技知识体系体现出来的关于自然界及其规律的一般性认识；科技方法：通过科研活动体现的科学地认识和研究对象的方法和规则；科技价值观：通过科技社会作用表现出来的人们关于科技社会价值的观念；行为规范：通过科技人员的科研活动体现出来的行为准则、道德规范。这里主要讨论狭义的科技文化。

科技文化是文化大系统中的子系统，能促进文化的建设和发展；科技文化反映并反作用于科技、科技生产力、科技制度，并通过它们反作用于

---

① 何亚平：《科技文化——现代化社会的文化基频》，《科学学研究》1997 年第 12 期。

社会经济和政治。

科技文化具有以下基本特点：基础性：随着现代社会的科学技术化，科技文化的影响已广泛渗透到人类生产、生活的各个领域和方方面面；能动创造性：是一个国家乃至整个人类社会生命力、创造力的重要源泉，是创新的必要的土壤；动态发展性：它随着科技的发展、时代的变迁而不断成长、发展和壮大。

2. 科技文化发源于西方

科技文化是伴随着近代科技的兴起而形成和发展起来的，科技文化具有鲜明的特点，即：理性主义、实证精神、批判和怀疑精神、公平精神、面向自然追求真理和智慧的精神及实效精神。

近代科技文化有其西方文化的历史渊源，西方文化的理性传统，面向自然追求真理的传统，是近代科技形成的重要思想基础。

理性的原则。主要指注重概念的清晰、逻辑的严密和理论的精确等。古希腊时期许多学者就十分重视逻辑，由于长期的逻辑训练和熏陶，西方文化形成了思维严密、规范的习惯和传统，也形成了严谨的语言规范和理论体系。

面向自然界追求真理的意向和传统。西方文化从古希腊时期就形成了人和自然相对立的思想，他们是在人和自然分离、主体和客体相区别的基础上来认识自然、控制自然的。因此他们始终站在自然界之外，面向自然界，通过冷静地观察和分析达到对自然界的认识。在西方文化看来，自然界一直是人们需要探索和研究的对象，认识自然界追求真理就成为西方文化传统的重要组成部分。

近代科技文化也体现出了近代科技的本质特征，这就是以实验与归纳为其灵魂，运用知性分析（如数学工具）对经验、实验资料进行归纳，得出普遍的法则和一般的定律，然后再由实验来检验从这些规律演绎出的结论，进而把一般规律运用于实际之中。即实证性、理性与实验相结合的方法，以及通过工业革命和启蒙运动确立的科技的实效性。

3. 科技文化在与我国传统文化的冲突中确立和成长

中国传统文化从总体上说与发源于西方的科技文化是相冲突的。中国传统文化中的若干特点阻碍了科技文化的发展。

首先，中国传统文化具有重实用、轻理论的特征。中国传统文化注重实际应用和效果，满足于知其然而尽其用，忽视概念、逻辑和理论，缺乏严密的理论体系和逻辑，没有形成比较完备的逻辑。因此人们认识世界的方式是非逻辑的、非抽象的，更多的是靠直觉、直观和领悟等思维方式。传统的数学以计算见长，以解决实际问题见长，始终没有形成严密的演绎体系，因而无法发展成为纯理论性的独立科学。天文学中观测和历法发达，但天文学理论则相当逊色。农学和中医学同样存在这个问题。

其次，中国传统文化具有重社会、轻自然的特征。中国文化传统非自然倾向更为明显。中国古代文化一直把注意力倾注在有关人的问题上，伦理、政治、历史等方面的学说相当发达，而有关自然界、逻辑等方面的知识则相对欠缺。因此有人称中国的文化为"人文文化"。中国古代正统的知识分子极少光顾自然知识，更不用说在自然科学上有所建树了。在他们的心目中"纲常伦理"、"经世之学"、"统治之术"等才是真正的学问，通经达仕是他们的学习目标，而科学技术不过是"技艺"之属，是一种副业，称不上真正的学问。

最后，中国传统文化具有重经验、轻创新的特征。中国传统文化倾向于保守，自我封闭，从而失去了对外界事物的关心、探索和追求。中国人往往更重视历史经验，拘执旧义，论资排辈，不思创新。"学而优则仕"的思想传统形成了一个巨大的引力场，将古代知识分子全部纳入"一心只读圣贤书"的轨道上。

我国科技文化在与传统文化的冲突中艰难地确立起来，虽然说早在洋务运动时期就引进了科学技术，但只是通过"五四"新文化运动的启蒙宣传后，科技才不再限于器物层面，科技文化才得以真正确立，科学成为一种普遍的文化价值取向，科技文化精神得以独立。五四运动之后，科技文化得到进一步发展，科技知识分子队伍不断成长，科学家职业化，科技社会建制迅速发展，并取得了一系列科技成就，使科技文化得到广泛传播和深入发展。

我国科技文化发展至今，经历了一些曲折的历程，但总体来看取得了不少进展，人们对自然界的感兴趣程度普遍提高了，这可以从学习理工科的学生及从事自然科学研究和工程技术活动的人员在人数上占多数看出来；同时，通过向西方学习和引进科技，又进一步加深了逻辑、分析型思维的训练，人们的逻辑分析能力增强了，理论思维能力增强了；通过对外开放政策的贯彻和实施，市场经济的发展，使科技工作者逐渐具有了开放的心态，科技工作者的社会地位日益提高，科技与经济紧密结合的观念日益深入人心，社会逐步形成了尊重知识、尊重人才的氛围。

二 我国科技文化发展的意义、不足及其影响

1. 科技文化为自主创新提供重要的文化氛围

提高自主创新能力，建设创新型国家，是我国发展战略的核心，我国自主创新既具有紧迫性，又具有一定基础，现在关键是从多方面入手加强自主创新，提升自主创新的能力，其中，加强科技文化建设，对促进我国的自主创新具有重大意义。

（1）自主创新的含义与特点

自主创新包含三方面内容，一是强调原始性创新，努力获得更多科学发现和技术发明；二是强调集成创新，使各种相关技术有机融合，形成具有市场竞争力的产品或产业；三是强调对引进先进技术的消化、吸收和再创新。

自主创新的特点之一是独创性，这也是自主创新的本质特点，就是要在关键领域和若干技术发展前沿掌握核心技术，拥有一批自主知识产权。自主创新是科技竞争力的核心和国家竞争力的基石，是全面建成小康社会和基本实现现代化的必由之路，加强自主创新始终是我国整个创新战略的灵魂。

自主创新的特点之二是强调科技与经济一体化，自主创新概念的提出是我国结合自身国情和世界经济科技发展新趋势，对创新理论特别是技术创新理论的新发展，技术创新的根本之处是拥有自主知识产权。技术创新是一个反映 20 世纪以来科技经济一体化的概念，而自主知识产权本身则集中体现了知识经济时代科技成果与经济效益的紧密结合。

自主创新的特点之三是强调系统集成，强调统筹各种资源。集成创新把各个已有技术单项有机地组合起来，融会贯通，构成一种新产品或经营管理方式，创造出新的经济增长点。集成创新的目的是有效集成各种要

素，更多地占有市场份额，创造更大的经济效益。

自主创新的特点之四是强调开放、交流、学习，自主创新不排斥技术引进，引进的目的是再创新。自主创新不是一切从头做起，但引进技术不等于引进技术创新能力，技术创新能力是内生的，自主创新要求在引进技术基础上进行消化吸收再创新。当然，自主创新还包括原始创新和集成创新，单纯依靠引进是不可能掌握核心技术和关键技术的。

自主创新的特点之五是强调高投入、高风险、高收益。要拥有自主知识产权，要抓住价值链的高端，就必须有高投入，冒高风险，最终才能产生高收益。

（2）自主创新需要适宜的科技文化土壤

自主创新对科技文化提出了相应的要求：第一，鼓励创新，鼓励科技人员加强科研，加深对自然界认识的深度和广度，获取更多的科学发现和技术发明，倡导追求真理、宽容失败的科学精神和态度，形成一种创新文化；第二，强化科技为经济服务的价值观，形成尊重知识劳动、知识价值，崇尚科学技术，不侵犯他人知识产权的社会风尚，是一种科技经济一体化的文化；第三，强调综合，强调协作，集成各方的力量，是一种合作文化；第四，崇尚学习、交流，乐于吸收世界先进科技并在此基础上不断超越，是一种学习型文化；第五，具有风险意识，是一种风险文化。

（3）科技文化促进了我国"两弹一星"和"载人航天"的成功

我国的科技文化在"五四"新文化运动之后，得到广泛传播和深入发展，尤其是在新中国成立后，更是对我国的科技事业的发展起到了先导和支撑作用，"两弹一星"和"载人航天"的成功，就是与"两弹一星"精神和"载人航天"精神分不开的。1999 年 9 月，江泽民同志在表彰为研制"两弹一星"作出突出贡献的科技专家大会上，将"两弹一星"精神概括为"热爱祖国、无私奉献、自力更生、艰苦奋斗、大力协同、勇于攀登"；2005 年 11 月，胡锦涛总书记在"隆重庆祝'神舟'六号载人航天飞行圆满成功大会"上，把"载人航天"精神高度概括为："热爱祖国、为国争光的坚定信念；勇于登攀、敢于超越的进取意识；科学求实、严肃认真的工作作风；同舟共济、团结协作的大局观念和淡泊名利、默默奉献的崇高品质"。2013 年 7 月，习近平总书记在会见'神舟'十号载人飞行任务航天员和参研参试人员代表时指出，在载人航天工程的发展进程中，培养造就了一支特别能吃苦、特别能战斗、特别能攻关、特别能奉献的高素质人才队伍，培育铸就了伟大的"载人航天"精神。"两弹一星"精神和"载人航天"精神为我国的科技文化增添了宝贵的精神财富，也将对我国今后科技发展起到推动作用。

可见，科技文化能够为自主创新提供文化的土壤，一个良好的科技文化系统能够对自主创新起到积极的促进作用，但一个不成熟的或落后的科技文化系统则会阻碍自主创新。

2. 我国科技文化发展中的不足

与发达国家相比，我国科技文化还有一定的差距，有待进一步发展，从体现科技文化的数据来看，教育普及率的高低影响国民的科技素质，中国和发达国家相比存在较大的落差。试看 2012 年的统计数据，大学普及率：中国 27%，美国 94%，日本 61%，英国 62%，韩国 98%；中学普及率：中国 89%，美国 94%，日本 102%，英国 95%，韩国 97%。再如居民专利申请数的多少可以反映出国民科技意识的强弱，我国 2012 年每百万人口中居民申请国内专利数是 400 件，而同年美国是 860 件，日本是 2250 件[1]。2010 年我国具备基本科学素养的公民比例虽然已达到了 3.27%，比 2005 年的 1.60% 提高了 1.67 个百分点，比 2007 年的 2.25% 提高了 1.02 个百分点，但目前我国公民科学素养水平只相当于日本（1991 年 3%）、加拿大（1989 年 4%）和欧盟（1992 年 5%）等主要发达国家和地区 20 世纪 80 年代末 90 年代初的水平。[2]

我国科技文化中存在的问题具体来看主要可以分为两类：

一是过去历史原因造成的。表现在片面看重科技的为它价值而不注重科技的为我价值以及由自然经济和计划经济所必然造成的科技与经济相分离的观念。如一些科技人员从事科技工作的目的是获得较高的社会地位，为名和为利，并不是真正去研究自然，于是，出现了死读书现象，也出现了混文凭现象，出现了一批没有市场前景的成果、应付课题、半吊子成

---

① 何传启主编：《中国现代化报告 2014—2015——工业现代化研究》，北京大学出版社 2015 年版，第 413 页。

② 中国科协：《第八次中国公民科学素养调查结果》，《科协论坛》2012 年第 12 期，第 30 页。

果、只求数量不求质量的低水平重复研究成果，这类成果的出现对社会是一个巨大的浪费，这就好比我国过去的科举制度，知识分子参加科举是为达到获取功名的目的，而现在是从事科技是为追逐社会地位，两者的本质是一样的，都会导致社会的巨大浪费。

二是科技文化快速发展中带来的问题。表现在我国的科技文化滞后于发达国家科技文化的发展步伐，合作、创新、效率、效益、共享、人才、学习、绿色、系统等崭新观念还没有真正落实到行动中去。如科技活动中缺乏大科学精神，不重视知识结构的整体化，近亲繁殖；科研合作精神较差，进行封闭式单干；创新精神不够，虽然我国有世界上最好的学生，却没有最好的人才；信息和大型设施的真正共享还有待时日，不少课题之所以是重复研究，就是因为相关信息不畅通导致，一些设施、设备为个别单位所拥有，科技资源的利用率低，科研人员的共享观念不强；大量人才外流，缺乏吸引优秀人才的良好文化氛围和环境；效益观念不强，每年专利申请人数还不够多。

3. 我国科技文化发展不足对自主创新的影响

我国科技文化继承了我国文化的传统，吸收了西方科技文化的内容，但至今发展还不够系统、成熟，滞后于科技创新的要求，在一定程度上成为自主创新的主要阻碍原因之一。

我国自主创新的能力还比较弱，主要表现在以下一些方面：第一，我国科学研究的质量还不高，缺少原始创新。第二，我国企业自主知识产权的拥有率低，拥有发明专利的企业不足十分之一，拥有自主知识产权核心技术的企业仅有万分之三。[①] 关键技术自给率低，高新技术产业在整个经济中所占的比例不高，产业技术的一些关键领域存在着较大的对外技术依赖，不少高技术含量和高附加值产品主要依赖进口。第三，企业整体研究开发能力不足，自主创新能力较弱，重视引进国外先进技术，却忽视在消化、吸收引进技术基础上的再创新。企业自主创新投入属低水平，R&D投入强度低导致企业无力进行核心技术和前瞻性技术的战略研究，技术创新活动普遍维持在对一些低端技术的研发上。第四，高层次人才严重不

---

① 《中国拥有自主知识产权企业仅占万分之三》，《广西经济》2006年第3期，第5页。

足，能跻身国际前沿、参与国际竞争的战略科学家更是凤毛麟角。第五，我国科技资源基础条件资源仍然存在着薄弱和分散等突出问题，据统计，我国大型科研装备利用率只有25%，而发达国家则达到170%—200%。我国目前创新基础条件资源短缺与浪费现象并存。①

（1）我国科技文化在价值观上缺少探索精神和效益意识

在我国的科技文化中，对自然的探索精神不强，科技人员在功利上的考虑要胜过纯科学的关心，功利化、工具化的科技观还较为严重，传统文化中的"官本位"等思想，使科研成为一些人追名逐利的工具。此外，我国科技文化中效益观念不强，这表现为我国的科技和经济还存在脱节现象，科研成果的转化率有待提高，企业还没有真正成为技术创新的主体，科学技术对经济增长的贡献率还较低，引进消化吸收再创新的经费比例不合理等。

（2）我国科技文化在科技方法和行为规范上缺乏协作意识和理性的怀疑精神

我国科技活动中缺乏大科学精神，不重视知识结构的整体化，近亲繁殖；科研合作精神差，进行封闭式单干，信息和大型设施的共享还有待时日，不少课题之所以是重复研究，就是因为相关信息不畅通导致，一些设施、设备为个别单位所拥有，科技资源的利用率低，科研人员的共享观念不强；此外，缺乏理性的怀疑精神，虽然我国有世界上最好的学生，却没有最好的人才。更有甚者，出现学术腐败，一些人不择手段作了另类努力，假文凭、假证书、抄袭文章、剽窃成果等各种违法乱纪的事情层出不穷，从而阻碍和破坏了我国科技文化建设。

三　科技文化的发展与我国现代化

1. 实现我国科技文化的进一步发展

我国科技文化虽取得了一定的进展，但也要看到科技文化发展中还存在着较大问题，并且随着当今科技的新发展，科技文化还必须进一步发展。

---

① 新华网：《利用率只有25%　我国大型科研装备利用率低》，2003年7月24日（ht-tp：//news. xinhuanet. com/st/2003 - 07/24/content_ 992656. htm）。

（1）科技文化发展的新特征

当今社会科技和经济迅速发展，进入了大科学、高技术时代，正经历一场新科技革命，呈现出一系列新的特点：科技加速度发展，科学和技术的结合日益紧密，科学技术日益一体化，各门新兴学科不断涌现，横断学科、交叉学科、综合学科等的出现显示了人类的各科知识走向汇合的趋势，呈现出高度分化基础上的高度综合，另外，在经济全球化的推动下，科技全球化趋势在不断加强，科技问题、科技活动都日益全球化，科技与经济的结合越来越紧密，经济竞争实质上是科技的竞争，知识经济正迅猛发展。

科学技术在当今发展的这种新态势，使科技文化的发展进入一个新阶段，产生了一些新的特征，这就是：

合作：必须实现科技主体各层次之间即个人、集团、各国政府之间的双边、多边的科技合作，在全球范围内实现资源的优化组合和集成发展。

创新：必须不断实现科技创新及其制度创新、组织创新、文化创新。

效率：必须加快科学研究、技术开发、科技成果转化的速度与步伐。科学、技术、生产已走向一体化，科技的竞争已扩展和前移到研究开发阶段。

效益：科技必须进一步面向经济和社会，发挥越来越大的经济效益和社会效益。

共享：在一定的制度保证下，必须实行信息的共享、大型设备和设施的共享。

人才：必须高度重视人才，培养人才，用好人才，吸引人才，知识经济条件下，人才是具有决定性的意义的。

学习：必须高度重视科技知识的学习，变精英教育为大众教育，变阶段教育为终身教育。

绿色：必须走可持续发展的道路，科技的发展要与经济、社会的发展相协调。

系统：研究和处理问题时，必须把各门学科统一为一个有机整体，不仅运用自然科学知识，也包括运用社会科学和人文科学的知识。

（2）我国科技文化的发展途径

可见，我国科技文化的发展有着双重任务，既要对传统文化遗产进行清理，并吸收西方文化的精华，又要反映当今科技发展的时代精神，关注科技文化的发展前沿。既要完成小科学时期科技文化应有的发展，更要发展当代大科学时期的科技文化，实现新的发展。当前需要着重关注和尽快改善的问题至少有以下几方面：

第一，适应科技生产力功能增强的趋势，尽快完善市场经济体制，使效益观念、效率观念真正得以确立。一方面，要完善科技成果的评价体系，专家评奖和市场回报相结合，并以市场回报为最终检验标准，真正树立效益观念；另一方面，要进一步提高效率观念，适应科学技术生产的一体化趋势，现在从科学研究到产品推出的周期大大缩短，提高效率至关重要。

第二，适应大科学、高技术发展的现状及科技全球化的潮流，要勇于全方位地借鉴学习国外先进科技，在个人、集团、国家各个层次上主动参与国际科技交流和合作，形成全国乃至参与全球范围内科技信息和科技设施的共享，用系统的观点、全球的观点调配我国科技力量。适应各门学科高度分化高度综合的特点，打破学科之间的界限。

第三，适应知识经济社会中知识、人才、创新的高度重要性特点，要形成重视人才、尊重知识、强调创新的现代科技文化，要给予真正有贡献有成就有创新的科技工作者相应的社会地位和报酬，而不是仅以提拔到"领导岗位"作为肯定和回报。要让知识、掌握知识的人才尤其是创新人才真正拥有令人羡慕的社会地位，从根基上改变"学而优则仕"的传统观念，改变"官本位"的状况。

第四，适应可持续发展战略的实施，有批判地继承中国传统文化中"天人合一"的自然观，使科技的发展有利于天人的和谐，使科技、经济、社会协调发展。

2. 以科学发展观指导我国科技文化建设

科学发展观，就是坚持以人为本，坚持全面协调可持续发展，坚持统筹兼顾。

（1）确立以人为本的观念，完善科技管理制度

完善科技管理制度，关键是要完善科技评价制度，科技评价要以人为本，以科技人员为本，评价的目的是有利于科技人员的发展，要关注人、

重视人、尊重人，人才在科技创新中发挥着不可替代的作用，要按照科研活动的规律、科技活动的特点设计科技评价的办法和制度，要改变目前评价制度中的重数量、轻质量，评价周期过短，对科技人员进行排序等急功近利的浮躁风气；另外，要尽快完善市场经济体制，建立以市场为导向的评价体系，完善科技成果的评价体系，减少行政干预，专家评奖和市场回报相结合，并以市场回报为最终检验标准，真正树立效益观念；要进一步构建和规范科技人员的行为准则，道德规范，严惩学术腐败。

（2）确立全面协调发展观念，统筹各种科技资源

形成全国乃至参与全球范围内科技信息和科技设施的共享，用系统的观点、全球的观点调配我国科技力量，使各种科技资源得以充分发挥应有的作用。适应各门学科高度分化高度综合的特点，打破学科之间的界限。要通过制定和落实切实可行的政策，真正协调好引进、消化、吸收之间的关系，协调好政产学研之间的关系，协调好基础研究、应用研究、试验发展之间的关系，协调好科技与经济的关系，使科技、经济、社会协调发展。

（3）确立可持续发展观念，提升自主创新的持续发展能力

我国知识产权保护乏力是我国自主创新能力不高的一个重要原因，要使我国的科学技术特别是自主创新有一个持续的发展，加强知识产权保护是必然要求。只有加强知识产权的保护力度，才能保护、提高科技人员创新的积极性，形成重视人才、尊重知识、强调创新的现代科技文化。要发展科学技术，进一步普及科技知识和科技方法，提高大学普及率，提高国民科学素养。另外，在科技领域中，要鼓励创新、提倡理性的怀疑精神，宽容失败，从而为我国的自主创新提供一个可持续发展的文化氛围。

3. 科技文化与我国现代化

世界的现代化进程从 18 世纪工业革命至今已有 200 多年，我国的现代化，从洋务运动算起至今已有 100 多年，在这一现代化的进程中，科技文化的确立和发展起到了十分重要的先导和支撑作用。作为社会文化大系统中相对独立的子系统，科技文化的发展促进了整个文化系统的建设和发展，它是发展先进文化、改造落后文化的最基本的推动力量，它所包含的自然观和科技一般方法，促进人们的世界观和思维方法的改变；它所体现

的理性、公平、批判、效益、合作、效率、系统、共享、创新等观念和精神，促进了人们价值观念、行为规范的变革。科技文化的基础性、创造性、发展性特点，使其迅速成长壮大，成为一个国家生命力和创新力的重要源泉。科技文化反作用于科学技术、科技生产力、科技制度，它推动科学技术、科技生产力的发展，推动科技制度的制定和执行，并为它们提供必要的文化氛围。科技文化通过科技经济、科技制度进一步反作用于社会的经济和政治，从而对整个社会的现代化，即：经济现代化、政治现代化、社会现代化、文化现代化和个人现代化起到了重要的作用。世界各国的现代化进程，几乎都得益于科技文化的先导和支撑作用。

　　我国科技文化的建设和发展任重而道远，对我国的自主创新和现代化建设至关重要，特别是当今创新成为时代的特征和信念，没有科技文化的建设和发展，创新就会成为无源之水。所以要以科学发展观为指导，加强科技文化建设，加快科技文化的发展，吸取我国传统文化的精华部分，学习发达国家的先进观念，反映当今科技发展的时代精神，关注科技文化的发展前沿。结合科技经济的发展和科技制度的变革，努力提升自主创新能力，实现全面建成小康社会和基本实现现代化的"两个一百年"奋斗目标，使我国的现代化事业得以顺利推进。

第六章 科技体制改革与中国现代化进程

一 我国科技体制改革的历史进程

"科技体制是国家如何组织和管理科技活动的制度框架，这一框架是同分配资源以满足个人、集体和国家的需要有关的。它主要包括科技体系结构（组织系统）和运行机制（规则系统）这两个互为条件、相互依存的方面。"① 我国科技体制的建立起始于 20 世纪上半叶，新中国成立之后，科技体制经历了一系列的变革。我国原有科技体制是在计划经济体制下逐步形成的，其突出特点是科技资源集中在政府所属独立科研院所。这一体制曾在特定的历史时期，为我国经济发展、国防建设和社会进步作出了重要贡献，也为科学技术自身发展奠定了坚实基础。随着我国的改革开放进程和社会主义市场经济体制的逐步确立，原有科技体制弊端日益突出。科技体制又经历了几次重要的变革阶段，最终使以市场为导向的科技体制初步形成。

1. 中国科技体制化建设的起步阶段（1915—1949 年）

从世界范围看，近代科学技术的体制化发生在 17 世纪 60 年代，世界上第一个有影响的科学家组织——英国皇家学会在 1660 年宣布成立并于 1662 年获得英王的特许状，1666 年，法国建立了巴黎科学院，它是科学家的专门学术机构，建立了领取国家薪俸的院士制度，这种组织化和制度化的科学研究和科学交流活动标志着科学技术体制化的肇始。

在中国，辛亥革命后，在新文化运动中一系列科技学会建立，其中最

---

① 方新：《中国科技创新与可持续发展》，科学出版社 2007 年版，第 84—109 页。

有影响的是 1915 年成立的中国科学社，它建制全、会员多、范围广、有刊物，以中国科学社为标志，中国进入了科技体制化建设的起步阶段。然而，学会毕竟属于一般的学术团体，是群众性的、松散的科学组织，有一定的局限性。1928 年中华民国中央研究院在南京成立，这是第一个全国性的统一研究机构，中央研究院成立后，带动了大批科研院所的问世，这样，以中央研究院为代表的一种新的科学体制开始突破学会型建制正式脱颖而出，标志着中国科技体制的初步确立。中央研究院作为国家学术研究的最高机关，下属研究所成为国家综合科研中心，经费来自国家拨款；聘请最有成就的科学家组成评议会（始于 1935 年，并于 1948 年建立院士制度）负责对全国科学研究进行指导、联络和奖励；国立科研组织在国家的科技体制中占据了主导地位，但旧中国内忧外患，科研力量十分薄弱。

2. 社会主义计划经济体制下的中国科技体制（1949—1978 年）

从 1949 年至 1978 年，这一时期立足于社会主义计划经济体制。基本特点表现为运用行政的力量来推进科学技术体系的建立，推动科学技术事业的发展，运用计划的方式来部署科技活动，配置科技资源。建国初期科技人才匮乏、科研设备奇缺、情报资料残缺不全、文化教育极端落后，"全国科学技术人员不超过 5 万人，其中专门从事科学研究工作的不超过 500 人，专门的科学研究机构只有 30 多个，其中较有基础的科学研究工作，主要是结合自然条件和资源特点的地质学的分类研究，现代科学技术几乎是空白。"① 1949 年 11 月，在旧中国的中央研究院和北平研究院的基础上成立了中国科学院，标志着中国国家科技体制的真正确立，各产业部门和省市也相继组建一批科研机构，同时高等院校的数量及其研究活动也明显增加。据国家统计局调查，1956 年，全国独立科研机构已达 410 个，研究人员 19603 人，中国的科研系统按照"集中力量，形成拳头，进行突破"的原则形成了中国科学院、高等院校、中央产业部门科研机构、地方研究机构、国防科研机构五大方面军，与此同时，制定和实施《1956—1967 年全国科学技术发展研究规划》，这 12 年科学技术发展远景规划要求"必须按照可能和需要，把世界科学最先进的成就尽可能迅速

---

① 宋健主编：《现代科学技术基础知识》，科学出版社 1994 年版，第 448 页。

的介绍到我国的科学部门、国防部门、生产部门和教育部门中来，把我国科学界所最短缺而又是国家建设所急需的门类的科学和技术水平可以接近苏联和其他世界大国。"这次规划取得了巨大成功，不仅迅速建立起相对完备的科学技术体系，而且在特定的科技领域取得了重大突破，使中国在较短的时间内大大地强化了维护国家安全和促进经济发展所需要的科技实力。到 1966 年，我国已初步建成了门类比较齐全的科学研究与技术开发体系。中国的科技体制已经全面系统地建立起来了。这种成功体现了社会主义集中力量办大事的制度优势和政策导向，政府组织科技规划的制订和实施，并直接管理科研机构，其人力、经费、物资等也完全由政府按计划统一调配。在当时的历史条件下，这一体制基本上是成功和有效的。然而这一体系也存在不少问题，科技与经济相脱节、科技成果难以转化为经济效益是这一体系的结构性缺陷。这一体系还会抑制科技人员的积极性和创造性。从 1966 年开始的"文革"使我国科技体制受到巨大破坏。至 1973 年中国科学院所属科研机构仅剩 53 个，至 1975 年又减少到 36 个，中国科技事业受到灾难性打击。

3. 中国科技体制的改革与转型（1978—1992 年）

这一时期从 1978 年到 1992 年，1978 年 3 月，全国科学大会召开。邓小平在讲话中论证了"科学技术是生产力"的观点，作出了"知识分子是工人阶级的一部分"的判断，并明确提出"四个现代化，关键是科学技术现代化"。① 从此，中国迎来了"科学的春天"。一大批知识分子的冤假错案得以平反，大批知识分子重新回到教学科研岗位。国家科委和地方科委相继恢复。中国科学院大批划归地方的研究机构重新回归，并成立了一批新的科研机构。

计划经济体系下科技体制模式的恢复，进一步强化了一些已经相当严重的结构性问题。科技体制改革尝试着逐步扩大科研机构的自主权，鼓励发展横向联系，开始实行科研责任制和合同制，初步发展了技术市场和技术贸易。自 20 世纪 80 年代始，中央决定对科学技术体制进行坚决的、有步骤的改革。1985 年 3 月 13 日，中共中央发布了《关于科学技术体制改

---

① 《邓小平文选》（第二卷），人民出版社 1994 年版，第 85—100 页。

革的决定》，提出了"经济建设必须依靠科学技术，科学技术工作必须面向经济建设"的科技方针，重点解决科学技术与经济脱节的问题，《决定》提出了对科技体制改革的要求："在运行机制方面，要改革拨款制度，开拓技术市场，克服单纯依靠行政手段管理科学技术工作，国家包得过多，统得过死的弊病；在对国家重点项目实行计划管理的同时，运用经济杠杆和市场调节，使科学技术机构具有自我发展的能力和自动为经济建设服务的活力。在组织结构方面，要改变过多的研究机构与企业相分离，研究、设计、教育、生产脱节，军民分割、部门分割、地区分割的状况；大力加强企业的技术吸收与开发能力和技术成果转化为生产能力的中间环节，促进研究机构、设计机构、高等学校、企业之间的协作和联合，并使各方面的科学技术力量形成合理的纵深配置。在人事制度方面，要克服'左'的影响，扭转对科学技术人员限制过多，人才不能合理流动，智力劳动得不到应有尊重的局面，造成人才辈出，人尽其才的良好环境。"①

《决定》还提出，开拓技术市场，支持和鼓励民营科技企业的发展；建立高新技术产业开发试验区。这个《决定》的颁布，标志着科技体制改革的正式启动。科技和经济"两张皮"渐行渐近。拨款制度改革打响第一枪。1986年1月，国务院《关于科学技术拨款管理的暂行规定》发布，改变了原先研究机构的经费按照预算下拨的中央财政拨款制度，而要求科研单位依靠科研实力争取项目经费作为其重要的经济来源。建立了中小企业技术创新基金、风险投资等多元化的科技投入制度。同时，以税收优惠、政府采购等为代表的财政间接投入措施陆续出台。1987年，国务院颁布《关于进一步推进科技体制改革的若干规定》，将1985年《决定》提出的目标进一步落实为若干具体的措施。1988年，国务院又颁布了《关于深化科技体制改革若干问题的决定》，进一步肯定了上述改革思路。1993年人大颁布的《科技进步法》把"面向和依靠"科技工作方针以法律形式固定下来。

在这一时期中，中国科学院1982年开始设立面向全国招标的自然科学基金，并于1986年成立国家自然科学基金委员会，标志着我国自然科

---

① 国家科学技术委员会：《中国科学技术政策指南（科学技术白皮书第1号）》，科学技术文献出版社1986年版，第298—299页。

学基金机制的最终形成。曾经制定了两次国家中长期科技发展规划，即《1978—1985 年全国科学技术发展规划纲要》、《1986—2000 年科学技术发展规划》。1986 年 11 月，中共中央、国务院批准了《高技术研究发展计划纲要》，简称"863"计划，"863"计划通过部署战略性、前沿性和前瞻性的研究项目来充分发挥高技术引领未来发展的先导作用，采用了竞争立项和首席科学家负责制，其总经费额度远远超过了国家科技攻关计划。1988 年 8 月，国务院正式批准高新技术产业发展计划，即"火炬"计划。这两个计划旨在跟踪世界高新技术发展前沿，促进高新技术成果向商品化、产业化、国际化方向发展，推动我国传统产业的技术改造和产业结构调整。1992 年，为了加强基础性研究工作而设立的攀登计划开始实施。这一时期，国家还于 1993 年开始在高校系统实施了支持科研和教育基地建设的"211"工程。

这一时期的科技体制改革是从计划经济体制转向计划和市场经济体制并重的双轨制的背景下进行的，但仍然是在计划经济体制为主的体制框架下展开的，尽管科技体制改革把促进科技与经济的结合作为科技工作的重点，但科技与经济脱节的现象仍然没有从根本上得以解决，旧体制下形成的科技系统结构不合理、机构重复设置、力量分散的状况依然存在。

4. 建设与社会主义市场经济相适应的科技体制（1992—1998 年）

1992 年邓小平发表"南方谈话"，标志着中国经济开始迈入新的发展阶段，中国共产党十四届三中全会发布的《中共中央关于建立社会主义市场经济体制若干问题的决定》，对深化经济体制改革作出了全面部署，与建立社会主义市场经济体制相适应，1994 年 2 月 27 日，国家科委和国家体改委联合制定了《适应社会主义市场经济发展，深化科技体制改革实施要点》，这个要点明确提出了在"稳住一头，放开一片"方针指导下我国新型科技体制的总体框架，目的是在科技体制中更多地引入市场机制。1995 年，中共中央、国务院颁布了《关于加速科学技术进步的决定》，在充分肯定科技体制改革实践的基础上，提出了我国科技工作的基本方针，即在"面向、依靠"的基础上，增加了"攀高峰"，该文件的最重要贡献是确立了"科教兴国"战略：要把粗放式的经济增长转变为集约式的经济增长，走上依靠科学技术进步和劳动者素质提高而实现经济增长的轨道，明确到 2000 年的目标是初步建立适应社会主义市场经济体制和科技自身发展规律的科技体制，到 2010 年要使基本建立的新型科技体制更加巩固和完善，实现科技与经济的有机结合。科技力量布局和科技资源配置进入优化调整期，开展了科研院所结构调整的试点工作。1996 年，全国人大通过《中华人民共和国促进科技成果转化法》。

《关于加速科学技术进步的决定》颁布之后，我国出现了资源配置集中化的趋势：一是 1996 年开始实施的针对企业的"技术创新计划"，资助海尔、长虹等数家大型企业建立研发中心；二是 1997 年开始实施的国家重点基础研究计划（"973"计划），该计划资助范围之广，强度之大，都是前所未有的；三是 1998 年开始实施的中国科学院"知识创新工程"，大幅度增加了科学院的事业费和科研经费，推动了中国科学院的结构性调整；四是 1998 年教育部实施 21 世纪教育振兴计划以及世界一流大学计划（"985"计划），该计划选择少量高校进行重点扶持，大幅度提高其事业费额度，力争早日在国内建设若干所世界一流高校。至此，在以竞争项目为基础的国家科技计划逐步体系化的同时，国家在企业、高校和中科院相继完成了支持科学研究基地的布局，并由此形成了建设国家创新系统的框架。随着项目支持和基地支持的强度不断提高，科技人员的地位大幅度回升，中国科技走上了快速发展的轨道。

5. 创新驱动导向的科技体制改革（1998 年至今）

这一时期，围绕建设国家创新体系，在科技体制改革方面相继提出了技术创新、自主创新和创新驱动战略的要求。重点是提高企业创新能力，构建以企业为主体、市场为导向、产学研相结合的技术创新体系，实施创新驱动发展战略。中国科技发展战略和科技体制改革在此期间进行了实质性调整。1999 年，中共中央、国务院召开了全国技术创新大会，发布了《关于加强技术创新，发展高科技，实现产业化的决定》，提出要深化科技体制改革，深化经济体制、科技体制、教育体制的配套改革，促进技术创新，促进高新技术研究成果的商业化和产业化。推动应用型科研机构和设计单位向企业化转制，对社会公益类科研机构实行分类改革。1999 年 6 月 30 日被全国几大主要报纸称为"科技界一个划时代的日子"。242 个开发类科研院所正式实行企业化转轨。据统计，第一批转制的 242 个院所于

2000 年全部完成工商注册。第二批 134 个科研机构到 2001 年底绝大部分完成工商注册。经过多年的努力，我国科技体制改革取得了重要进展和显著成效。改革以前，国家科研力量和科技资源主要集中在独立科研机构。1999 年时，中央级科研院所共有 1000 多家，其中产业部门 370 多家，中科院 120 多家，公益部门等所属有 300 多家，军工院所 250 多家。初步形成了科研院所、高校、企业和科技中介机构等各具优势和特色的创新主体。科技体制改革在优化科技力量结构和布局的同时，还促进了科技与经济的紧密结合；不仅推动了我国科技事业的发展，还为社会经济发展提供了有力的科技支撑。据统计，2007 年 247 家中央级转制院所承担来自企业的委托开发经费 127 亿元，是 2000 年的 4 倍；申报专利 3674 项，转让技术成果 1642 个，直接受益企业达 1.12 万家。

2006 年，中共中央国务院召开了全国科学技术大会，对国家中长期科技发展作出战略部署，发布了《国家中长期科学和技术发展规划纲要（2006—2020 年）》（下称《纲要》），并作出了《关于实施科技规划纲要增强自主创新能力的决定》，提出努力形成技术创新、知识创新、国防科技创新、区域创新、科技中介服务等相互促进、充满活力的国家创新体系，明确了"自主创新、重点跨越、支撑发展、引领未来"的新时期科技发展的指导方针，强调建立以企业为主体、产学研结合的技术创新体系，并将其作为全面推进国家创新体系建设的突破口。《纲要》对我国未来 15 年科学和技术发展作出了全面规划与部署，确定了重点领域、优先主题和重大专项等。为 2020 年的中国科学技术发展立起了标杆：自主创新能力显著增强，科技促进经济社会发展和保障国家安全的能力显著增强，为全面建设小康社会提供强有力的支撑；基础科学和前沿技术研究综合实力显著增强，取得一批在世界具有重大影响的科学技术成果，进入创新型国家行列，为在 21 世纪中叶成为世界科技强国奠定基础。《纲要》也指出了目前企业尚未真正成为技术创新的主体，自主创新能力不强等科技体制存在的问题，并指出为解决这些深层次的体制与机制问题，要深化科技体制改革，要制定和完善更加有效的政策与措施等。2007 年，全国人大修订并颁布了新的《科技进步法》和《专利法》，强调要以市场为导向，发挥企业在自主创新中的主体作用，建设创新型国家；国家要实施知识产权战略，加快成果转化；通过财政政策、金融政策、税收政策等，动员全社会力量加大科技投入。

2012年7月，中共中央、国务院召开了全国科技创新大会。会前发布了《深化科技体制改革，加快国家创新体系建设的意见》①，《意见》准确地指出了我国科技体制机制存在的突出问题，如科技与经济结合问题没有从根本上解决，原创性科技成果较少，关键技术自给率较低；企业技术创新地位未真正确立，一些科技资源配置过度行政化，分散重复封闭低效等问题突出，科技项目及经费管理不尽合理，研发和成果转移转化效率不高；科技评价导向不够合理，科研诚信和创新文化建设薄弱等。《意见》提出要以促进科技与经济社会发展紧密结合为重点，深化科技体制改革，加快国家创新体系建设。

2012年11月，党的十八大明确提出"科技创新是提高社会生产力和综合国力的战略支撑，必须摆在国家发展全局的核心位置"。强调要坚持走中国特色自主创新道路，深化科技体制改革，加快建设国家创新体系，着力构建以企业为主体、市场为导向、产学研相结合的技术创新体系，实施创新驱动发展战略。

2015年3月，中共中央国务院出台《中共中央国务院关于深化体制机制改革加快实施创新驱动发展战略的若干意见》，指导深化体制机制改革加快实施创新驱动发展战略。《意见》指出，到2020年，基本形成适应创新驱动发展要求的制度环境和政策法律体系，为进入创新型国家行列提供有力保障。《意见》强调，营造激励创新的公平竞争环境，实行严格的知识产权保护制度，形成要素价格倒逼创新机制，发挥市场对技术研发方向、路线选择和各类创新资源配置的导向作用，调整创新决策和组织模式，促进企业真正成为技术创新决策、研发投入、科研组织和成果转化的主体。

二　现代化进程中深化科技体制改革的紧迫性

现代化包括经济现代化、政治现代化、文化现代化、社会现代化和人

---

① 中共中央、国务院：《关于深化科技体制改革，加快国家创新体系建设的意见》，人民出版社2012年。

的现代化等多方面的内容，其中起决定性作用的是科技现代化，科技创新能力的大小、水平决定一国的现代化水平，我国的科技创新能力虽然已具备一定的基础，但与发达国家相比还存在很大的差距，科学发现、技术发明、原始创新、集成创新、消化创新等各类创新方式及其创新成果还存在这样那样的问题，尤为严重的是，我国长期以来存在着两方面的巨大浪费，一是科技成果转化率低，科研机构、高校的应用型科研成果往往转化不了，无法实现其经济价值。二是在引进国外技术时，不注重消化吸收，重复引进多，导致对国外技术的依赖度越来越高。要使我国的科技创新能力有突破性提高，必须改变这种浪费现象，加快科技体制的改革，解决的突破口应从创新系统的结构入手，结构决定系统的功能，构筑以企业为主体、市场为导向，政府为引导，高等院校和科研院所为依托的政产学研联盟的科技创新体系，使科技创新上、中、下游各环节实现有机对接和融合，迅速提升我国的科技创新能力和产业核心竞争力。

长期以来我国科技与经济脱节现象得不到根本的解决，科技体制的改革实质上是围绕如何使科技与经济相结合的要求而展开，从目前科技与经济的关系看，深化科技体制改革、加强科技与经济的结合仍然是摆在我们面前的紧迫任务，我国科技与经济之间的通道经历的是"脱节—部分结合——体化"三阶段。

第一阶段，计划经济年代，科技与经济之间渠道不畅，科技、经济作为两个互相独立的系统，各自为政、严重脱节。科技自身形成一个封闭系统，各级研究机构、高校的科研任务主要由上级下达，跟企业缺乏有机联系，科研成果的鉴定则主要重视其学术价值，而忽视其实用价值；企业这一头主要是完成生产任务，其业绩考核是看产量，不讲效益，导致企业经营者缺乏科技需求，科技成果停留在科研单位、试验阶段，企业则维持现生产。我国的计划经济体制形成了科技、经济相脱节的局面，致使科技转化为生产力的效率低下，科技进步对经济发展的贡献率低下。

第二阶段，在市场经济体制初步建立条件下，科技与经济之间的通道部分畅通，主要表现在：实施了一大批重大科技计划，技术创新工程、工程技术中心、高新技术创业服务中心、风险投资公司等的出台和组建，技术市场稳步发展，建立了一批科技企业，产学研相结合，科研机构向企业化转制，国家级高新技术产业开发区的建立，大中型工业企业建立研究开发机构，等等。但目前企业的研发能力还不强，2013 年，我国开展 R&D 活动的规模以上工业企业共 54832 个，占全部企业的 14.8%，比上年提高了 1.1 个百分点；拥有研发机构的企业共 43055 个，占全部企业的 11.6%，比上年增加了 0.3 个百分点。企业 R&D 经费投入强度（企业 R&D 经费与企业主营业务收入的比值）仅为 0.80%，比上年上升了 0.03 个百分点。[①]

第三阶段，随着市场经济的日益完善，科技与经济之间的通道日益畅通，企业真正成为技术创新的主体，随着企业经济实力的增强，一批资金雄厚、技术领先、具备强大自主开发能力的大企业必定会脱颖而出。只有使企业真正成为技术创新主体，包括成为科技人力和经费投入的主体、科技成果转化的主体尤其是高技术产业化的主体，才能集科技与经济于一身，才能从根本上解决科技与产业界的断层问题，才能使科技、经济真正一体化。

目前我国还处于上述的第二阶段，市场经济需要进一步完善，科技与经济之间的通道处于部分畅通状态，亟待通过深化科技体制改革、加快实施创新驱动发展战略、建设国家创新体系，实现科技经济的一体化。

三　政产学研联盟是科技体制改革的关键环节

目前我国科技与经济的关系正处在从部分结合向一体化发展的过程之中，强调政产学研的联盟，把政产学研联盟作为战略主抓手，是我国部分省市的正确决策，也是国内一些地方的成功经验。近几年来，我国创新主体、创新平台和创新环境建设加快推进，产学研联合长足发展。但是创新资源不足、创新人才短缺的矛盾依然突出，政产学研联盟还缺少有效的机制和模式。发挥政府目标导向和政策调整作用，全面推进政产学研联盟已经成为我国转变发展理念、创新发展模式的客观选择。

政产学研联盟其实质是促进区域创新系统，从系统的角度看，这一创

---

① 科学技术部创新发展司：《科技统计报告 2015 年第 10 期（总第 567 期）——2013 年规模以上工业企业 R&D 活动分析》，2015 年 2 月 28 日，中国科技统计网（http://www.sts.org.cn/tjbg/dzxqy/dzindex.asp）。

新系统有四个要素：政府、企业、高校、研究机构，各要素具有不同的功能和作用。

（1）其中政府起主导作用，是制度与机制的制定者，是创新的推动者，是各要素间的组织协调者。在我国市场经济还不完善的情况下，政府更应发挥其积极作用。要注重利用政府的有形之手，创新政策环境，构建服务平台，建设发展载体，提供资金支持。其中"政策是关键"，"项目能够支持的企业是有限的，发挥作用的时间也是有限的。对于千千万万的中小企业来讲，包括税收、金融、政府采购等在内的各项激励政策是长时间、普遍起作用的因素。"①

（2）企业是主体，企业是创新投资的主体、创新成果应用的主体、创新活动的主体。政产学研联盟的基点应放在企业技术创新的需求上，在政产学研联盟和自主创新体系中，企业的主体地位由其本身的性质和它在社会经济中的作用决定。企业是指从事生产、流通、服务等经济活动，以产品或劳务满足社会需要，并以获取盈利为目的，依法设立，实行自主经营、自负盈亏的经济组织。企业最贴近市场，企业在研发投入、组合创新要素和创新成果应用方面具有能动作用，应积极创新企业吸收大学、科研机构成果和其他技术要素的机制和形式，通过技术投资、入股、联合协作等形式，按照风险共担、利益共享的要求，使政产学研联盟机制长期化、一体化。创新是当代科技与经济结合的活动，在个人、集团、社会三类主体形式中，集团主体是创新主体中最普遍的、最重要的形式，而在各种集团主体中，企业比之科研院所、高等学校更具有作为创新主体的特征。第一，企业的性质决定了企业是创新的主体。企业是经济组织，在现代又是科技组织，现代企业本质上是科技经济一体化的组织。企业一头连着市场，一头连着科技，包含了科研、生产、营销三大环节，创新要实现从发明到产品再到市场的整个过程，只有企业才能把这几个环节首尾相通，连成一气。在市场经济条件下，企业在创新中具有无可替代的地位和作用，只有以企业为主体，才能坚持技术的市场导向，才能有效整合产学研的力量。第二，企业的实力奠定了企业是创新的主体。创新需要资金、人力的

---

① 徐冠华：《关于创建创新型国家的几个重要问题》，《中国软科学》，2006 年第 10 期，第 2 页。

大量投入，不管是引进消化吸收再创新，还是集成创新，或是原始创新，都需要强大的经济实力和丰富的人力资源，企业作为集团主体、作为经济实体，具备这一条件，并能够承担责任与风险。第三，企业的目的规定了企业是创新的主体。企业是以获取盈利为目的的经济组织，在完善的市场经济环境中，创新掌握核心技术的所有权，可以为企业获取超额利润，因此，企业有创新的强烈愿望和动机。第四，企业的历史发展趋势说明了企业是创新的主体。随着当今科学技术与经济的结合越来越紧密并走向一体化，企业与科技的结合也越来越紧密，企业的科技投入、科研成果不断增加，科技型企业、高新技术企业日渐增多，这些都标志着企业创新的能力、愿望、实力越来越强，企业创新主体的地位愈益明显。第五，企业的发展实践证明了企业是创新的主体。在美、日、德等发达国家，其 R&D 经费使用中企业要占 70% 左右，我国也已达 70% 以上，即大部分的研发活动由企业开展，从企业的 R&D 人员投入占全国 R&D 人员的比例看，发达国家平均在 60% 以上，我国已超过 70%，这些数据表明了企业的创新主体地位。企业的以上特征使企业成为决策的主体、投入的主体、活动的主体、利益获取与分配的主体。

（3）高校和研究机构处于创新链的上游，主要从事基础研究、前沿技术研究和社会公益性研究，是科技创新成果的提供者，是科技创新的重要源泉，特别是原始创新的重要源泉。高校和研究机构应提供市场需要的、符合企业发展要求的创新成果。就高校而言，人才培养、科学研究、服务社会和文化传承是高等学校的四大功能，随着我国现代化建设的不断深入，高等学校不仅强化了人才培养功能，其科学研究、服务社会、文化传承功能也得到了不断增强，在科技创新领域，已改变了我国以往科技创新主要由科研机构承担的局面，高校越来越发展成为我国科技创新的主要力量之一。高校的内在特点、高校的历史发展轨迹、高校的发展成果决定了高校的现实的科技创新的地位和作用。

第一，高校自身的特点决定了高校科技创新是国家创新体系的重要组成部分。高校是培养人才，生产和传播新知识、新思想的重要基地，高校科技创新是国家创新体系的重要组成部分，是我国科技创新队伍中的主要力量之一，具有十分重要的地位。高校拥有丰富的人才资源，人员流动快、学术思想活跃、学科门类齐全、学术环境比较自由宽松、国际合作交流活跃、信息灵通，适于进行自由探索式的多学科交叉的基础研究。高校通过多学科综合与合作，也适合开展具有目标导向的应用基础研究。高校与产业界联合，可以开展应用研究和产业化开发。国家创新体系是由与知识创新和技术创新相关的组织机构和社会单元组成的网络系统，包括知识创新系统、技术创新系统、知识传播系统和知识应用系统。其主要组成部分是企业、科研机构、高等院校、政府部门等。在国家创新体系中，高校和科研机构是知识创新的主体，企业是技术创新的主体，政府则是制度与机制的制定者，是创新的推动者。与此同时，科技创新中基础研究与应用研究、试验发展、设计试制、中间试验、产品生产、市场销售之间的相互关系越来越紧密，高科技产业中关键技术创新必须要有基础研究与应用研究的有力支撑，需要高校与产业界优势集成才能取得突破。因此，高校通过与产业界的合作，通过建立大学科技园，也成为技术创新的重要力量。

第二，高校的历史发展因素加强了高校科技创新在我国技术创新中的重要地位。由于历史的原因，我国科技人员尤其是高层次科技人员多数集中在科研机构、高校与军工系统，而我国企业的科技力量较薄弱，缺乏开展研发工作的实力和动力，长期以来无法真正成为技术创新的主体，因此，高校在科技创新体系中愈加具有重要地位，高校应与企业一起，通过政产学研结合，取得我国技术创新的突破性发展。高校是以企业为主体、市场为导向、产学研相结合的技术创新体系中的生力军。此外作为一个发展中国家，我国十分关注科学技术的经济功能，我国高校在促进基础研究和高新技术研究实力不断增强的同时，推动科技成果转化和高新技术产业化，对我国经济结构调整和社会发展也作出了巨大的贡献。我国高校取得的大量创新成果，有一批已经转化成了现实的生产力，催生了我国的新兴产业。一大批高新技术用于传统产业，加速了企业的技术进步。高校成果转化和产业化不断发展主要表现在：高校凭借人才、科技优势，不仅为国家培育了诸如大型集装箱检测、汉字激光照排、航空管控、飞机制动等高新技术产业，也与地方及企业开展了全方位、多层次、高水平的合作，建立起产学研相结合的良性机制。据统计，高校与企业合作呈逐年上升趋势，2009年，按项目合作形式分，高等院校独立完成的项目经费265.9亿元，占77.3%；与国内企业合作项目33.0亿元，占9.6%；与国内独立研究机构合作项目18.6亿元，占5.4%；与国内其他高校合作项目

17.1亿元，占5.0%；其他合作形式项目9.3亿元，占2.7%。① 合作方式已从单纯的技术服务推广向委托研发、联合研发发展，有效提升了高校科技成果转化率及效能，为经济建设和社会发展提供更好的服务。

　　根据系统论观点，结构决定功能，政产学研结合度的高低将决定这一联盟的创新功能的大小。经济合作与发展组织在其1997年《国家创新系统》研究报告中提出，技术和信息在人、企业、各机构间的流动是创新过程的关键所在，创新和技术的发展由该系统中各行为者之间错综复杂的关系所决定，这些行为者包括企业、高等院校和政府研究机构。评估和测度一个国家的创新系统主要是看在各行为者之间知识和信息流动情况：即企业之间的相互作用，企业、高校和研究机构之间的相互作用；知识和技术向企业扩散；人员在各部门内部或之间的流动；这些行为者之间的联系多种多样；可以是共同研究、人员交流、交叉专利、购买设备以及许多其他渠道。要深化完善政产学研深度合作机制。按照自愿互利、优势互补、合作互动的要求，促进国内各高校、科研院所与企业建立多种形式的联盟，探索和创新政产学研深度合作新机制。系统的目标是要实现系统整体大于部分之和的飞跃。在深化完善政产学研深度合作机制的基础上，系统将实现新功能的突现，即实现系统整体的创新功能，达到使创新的潜力转化为现实的创新的竞争力的目的。

---

　　① 国家统计局、科技部、国家发展改革委、教育部、财政部、国防科工局：《第二次全国科学研究与试验发展（R&D）资源清查主要数据公报（第四号）》，2010年11月22日，中国科技统计网（http://www.sts.org.cn/tjbg/tjgb/document/2009/rdgb2009_4.htm）。

第七章　科技主体的成长与中国现代化进程

世界的现代化进程从 18 世纪工业革命至今已有 200 多年，中国的现代化进程从洋务运动算起至今也已有 100 多年，在这段时间里，各种社会群体在现代化进程中发挥了各种不同的作用，其中，科技主体的成长对发达国家的现代化进程、对发展中国家的现代化进程，都起到了重大的乃至决定性的作用。

一　科技主体的成长对现代化进程的核心作用

1. 科技主体的理论内涵

科技主体是指处于一定历史条件和社会关系中的、具备一定的知识、经验和能力的、从事科学发现、技术发明创造与使用等科学技术实践活动的人。科技主体是社会各类主体中一个相对独立的部分。科技主体的存在形式包括：个体主体，即从事相对独立的科技实践活动的个人，如科学家、工程师；群体主体，即按照一定的利益、目的、信仰和规范而组织起来，共同从事科技实践活动的集团，如各类学会、科研机构等；社会主体，即进行科技活动的个人和集团的总和，但它不是个体和集团的简单相加，而是在一定历史条件下以社会关系维系的社会力量整体，它是主体的最高形式，如国家的整个科技系统。

科技主体具有自觉能动性和社会历史性特点。科技主体具有自觉能动性，所谓能动性是指事物、对象、物质系统、实践过程等等具有不断运动发展的能力，科技主体在从事科学技术实践活动过程中，进行着有目的性的、自主的、创造性的科学技术活动，从而不断推动科技自身的发展，增强科技的社会功能，同时也在不断地超越自我、不断地成长发展，因此，自觉能动性也是科技实践发展水平的标志之一。

科技主体具有社会历史性，在科技实践活动中，科技主体不但和客体之间相互作用，而且与其他主体也发生着不同主体之间的社会交往和社会互动过程。因此，作为科技主体，一方面受到社会历史和其他主体的制约与影响；另一方面又以其能动的活动在不同方面和不同程度上影响着社会历史。科技主体的社会历史性使科技主体在不同的国家和地区，不同的历史时期和阶段会具有不同的面貌和特征。以科技主体存在形式的历史演变为线索来看，不论是在西方还是在中国，科技主体的发展都经历了从个体主体到群体主体再到社会主体的历史演进过程。在科技发展的早期，科技主体以个体主体形式存在，如哥白尼、伽利略等，他们是相对独立的。当科技进一步发展，出现诸如科学学会、科技研究机构时，科技主体系统发展就进入了更高一级的层次，出现了把单个的个体主体结合起来的群体主体，这种群体主体不同于个体主体，具有群体主体这一层次上的新的属性和功能，从而进一步推动了科技本身的发展及其社会功能的发挥。当各种科技团体相互结合，内部结构进一步复杂、完善化时，就在一定区域内（如国家或某些世界区域）形成一个更大的科技主体的社会整体系统，这就是社会主体，它是活动着的科技人员和科技团体的总和，是科技主体的最高形式，具有更强的科技功能，对科技本身和社会具有更强的推进作用。

2. 科技主体的成长对现代化促进作用的理论考察

现代化是近代以来世界历史发展中的大变局，现代化具有两个基本内涵：①指发达国家 16 世纪特别是工业革命以来发生的深刻变化。②指发展中国家在不同领域追赶世界先进水平的发展过程。社会历史就其整体而言，是一定的群体的活动及其产物的演进过程，各种主体在社会历史中所起作用的性质和程度各有不同，其中，科技主体的成长，对发达国家的现代化过程，对发展中国家的现代化过程，都起到了重大的乃至决定性的作用。因为现代化是包括经济、政治、文化等社会诸方面的深刻变革在内的系统工程，而经济现代化、政治现代化、文化现代化，归根到底是由科技的发展推动的，科学技术是推动现代化的核心动力，科技主体则是这种核心动力的载体。

按照两次现代化理论，第一次现代化是指从农业社会向工业社会的转变过程。第二次现代化是指从工业社会向知识社会的转变过程，第一次现代化要求在经济、政治、文化和个人等各个方面实现从农业文明向工业文明的转变，如，政治民主化、经济工业化、社会城市化、文化理性化，普及初中教育等。第二次现代化是指在政治、经济、社会、文化和个人等各方面实现从工业文明向知识文明、物质文明向非物质文明的转变，如社会知识化、网络化，全球化和创新化等。这两次现代化都需要科技主体作出巨大的努力。尤其在第二次现代化中科技主体的贡献会更大。

科技主体在现代化进程中起到了重要的推动作用，主要表现在以下几个方面：①科技主体的成长促进科技经济的发展。由于科技主体的活动促进了科技向各行各业的扩展与渗透，大大提高了劳动生产率，促进了生产力的发展。产业革命都是继科技革命后发生，牛顿、瓦特、法拉第、麦克斯韦、爱因斯坦、爱迪生等著名的科学家、发明家的科技活动，还有学会、政府实验室、工业实验室等各种集团科技主体的活动，正是这些科技主体的活动，大大增强了人类认识自然、改造自然的能力，促进了科技的发展，推广和普及了科技成果，从而使经济科技化，推动了科技经济的发展，促进了现代化的进程。②科技主体的成长促进科技制度的健全。随着科技主体的成长，科技主体系统内部的结构、制度不断完善，科技主体系统外部的环境也不断优化，各种科技发展战略、科技政策与法规、科技的管理体系得以制定、建立和完善，从而促进整个社会的制度建设，提高社会现代化水平。③科技主体的成长促进科技文化的发展和普及，如公平、理性、协作、规范、创新等观念，首先在科技主体系统中得到高度认同，从而影响整个社会的价值观念、行为规范，使之走向以科学精神为主导的现代社会。科学技术成为人们崇尚的事业，科学家、工程师成为人们追求的职业，科技素质成为人们的基本素质。

综观近代以来的社会发展情况，三次科技革命推动了生产力的巨大发展，人类社会从农业社会进入工业社会再向知识社会迈进，科技的巨大作用和重要地位日益显现，科技主体的队伍日益成长壮大，他们在推动社会生产力进步，创造社会物质财富和精神财富，促进社会变革的过程中起到了越来越重要的作用，他们是当今社会各种主体中的一股核心力量，推动整个社会从传统社会走向工业社会，并进一步到达知识社会，实现现代化。

二　科技主体的成长推动现代化进程

1. 科技主体的成长推动世界现代化进程

根据现代化理论，可以把世界现代化发展模式分为两类：第一类是原发式，主要指以英国、美国、法国为代表的最先实现现代化的资本主义国家的发展模式。第二类是后发式，指以日本为代表的后实现现代化的资本主义国家的发展模式以及目前正在向现代化目标前进的第三世界国家的发展模式。另外，若按发展阶段分，世界现代化的发展可分为三个阶段或三次浪潮，这三个阶段，分别对应三次科技革命，而伴随着三次现代化浪潮，科技主体的社会存在形式也相应地发生三次变化：科技主体先由个体主体发展到群体主体，再由群体主体发展到社会主体，然后社会主体形式得到进一步发展。

第一次现代化浪潮发生于 18 世纪下半叶至 19 世纪中叶。在近代科技发展早期，科技活动主要以个体方式进行，基本上是靠个别学者、个别工匠分散进行，缺乏促进技术进步的社会组织、科学学会，人员也少。科学家必须用从事其他职业的收益来维持其生活和提供研究费用，如哥白尼、开普勒等科学家就是在这样的环境中进行科研活动的。17 世纪开始有了科学社团的建立，1662 年英国皇家学会，1666 年法国巴黎科学院，1700 年德国柏林科学院，1725 年俄国帝国科学院相继成立，这些科学社团在一定程度上把科学家组织了起来，有利于学术思想的交流和合作研究。至 18 世纪下半叶，在工业革命中，资本主义国家出现了由地方企业家赞助的科技团体，最早的是 1766 年在英国伯明翰成立的太阳学会，这个学会实际上成为英国中部工业革命的参谋部，1781 年，在英国的曼彻斯特也建立了由工业家和科学家组成的地方性科学社团。至 19 世纪末，英国全国共有 100 多个科学社团。1831 年，成立了全国性的英国科学促进会，这个协会对 19 世纪英国科学的发展有重要影响。此外英国、法国、德国等国家纷纷发展以科技为中心的教育事业，培养了大批科技人才，尤其是德国的科学技术教育后来居上，更为出色[①]。德国在 19 世纪首先出现了

---

① 郝侠君等主编:《中西 500 年比较》（修订本），中国工人出版社 1996 年版，第 235—236 页。

大学实验室，它将教学与研究结合起来，名师和学生共同致力于研究，逐步形成了紧密的关系网络，导致了一系列科学学派的出现，德国科技的迅速发展，并相继成为科技中心和经济中心，完成第一次工业革命，与其科技主体的快速成长密切相关。由此可见，科技主体的社会存在形式由近代早期的个体主体逐渐发展到群体主体，政府创办的科学院、专门的实验室以及教育机构成为这一时期最重要的科研组织形式。科学家摆脱了以个体研究为主的工作方式，开始了集体小规模的合作式研究，也开始了科学活动的职业化，从而科技主体的功能大大增强，科技发展加快，实现了以牛顿力学为基础、蒸汽机在生产中的应用为标志的第一次科技革命。这次革命使生产力得到了巨大发展，从手工生产力发展到机器生产力，又推动了社会经济、政治、文化的巨大变革，在这股巨大的冲力作用下，西欧和北美局部地区首先被卷入了工业化和现代化的大浪潮之中。

第二次现代化浪潮发生于 19 世纪下半叶至 20 世纪上半叶。19 世纪下半叶，德国大学出现了专门的科学研究所。1876 年，美国的发明大王爱迪生创建了第一个"工业实验室"。这种"工业实验室"打破了过去科学家手工从事科学研究的传统，组织一批人才，在统一指挥下，分工协作致力于科学研究与工业发明，并且很快把研究发明投入生产，从而，使实验室成为"发明工厂"。以后，欧美各大公司（通用电气、杜邦、贝尔、西门子等）仿效爱迪生的做法，纷纷成立自己的工业实验室。[①] 19 世纪后期德国建立起一系列政府实验室，第一个政府实验室是 1887 年建立的国家物理技术研究所。1920 年德国政府建立了德国科学联合会，联合会成立了一系列专业委员会来组织那些依靠国家资金进行私人合作性质的研究工作。20 世纪初，还出现了一些非营利机构，如凯撒·威廉学会（1911年），德意志科学促进慈善会（1920 年），美国的洛克菲勒基金会、巴特尔研究所（1929 年）。这一时期，科研组织已初步形成了相对独立的四大系统：大学、工业实验室、政府实验室和非营利机构，它们之间实现了初步的结合。相应地科技主体发展为以群体主体为主，并初步出现了社会主体，科技人员以集体方式从事科研与其应用于生产的工作，科学活动已完成职业化。这一时期科技主体的成长推动了科技的大发展，发生了以电磁

---

① 陈筠泉、殷登祥主编：《科技革命与当代社会》，人民出版社 2001 年版，第 108 页。

理论为基础、电在生产中的应用为标志的第二次科技革命，这次革命带来了机器生产力的更大发展，从蒸汽时代进入电气时代，为生产规模的扩大、自动化水平的提高提供了技术基础，有力地推动了现代化进程。英国的现代化继续深入发展，法、德、美、日、俄等国也先后相继现代化，比利时、瑞士、加拿大、澳大利亚、新西兰等，也逐步走上现代化的道路。

　　第三次现代化浪潮从 20 世纪下半叶开始至今。进入 20 世纪特别是下半叶以后，科学技术进入大科学时代，科研问题越来越复杂，参与的人数越来越多，对于经费的需求越来越大，从而科学研究成为一项社会事业，如美国的"阿波罗登月计划"，欧洲的"尤里卡计划"，我国的"863"计划等，都是大科学项目，科学技术活动不仅走向了国家规模，而且越来越要求全球性合作。所以，科技主体的存在形式也出现新特点，社会主体得到快速发展，其表现为：一方面，高校科研机构得到发展，跨学科、跨系的实验室、研究中心、技术实验站、工程研究中心、高级研究中心得以建立；工业研究机构得到发展，大公司的研究机构广泛采用了"科学中心—生产部实验室"的模式；出现了国家科学基金会。另一方面，各种科研组织日益结合起来，建立了大量专门从事科研工作的中小型公司，50年代后出现了将工业研究与大学结合起来的新的组织形式——科学工业园区。80 年代，产生国家创新系统概念，表明在国家规模上统一协调社会各种科技力量已是势在必行。20 世纪下半叶以后科技主体的迅速发展，大大加快了科技发展的速度，进一步密切了科技与经济的联系，科技经济日益走向一体化，促进了以量子力学和相对论为基础、电子和原子能技术为标志的第三次科技革命。这次科技革命大大提高了劳动生产率，促进了西方经济的高速增长，其变化的广度和深度远远超过了前两次革命，并使现代化走上了新的阶段，全球采取不同的道路和方式奔向现代化，有的发达国家开始奔向信息社会、后工业社会，通向现代化之路更加多样、复杂。

2. 科技主体的成长推动中国现代化进程

　　中国科技主体的成长历程，也是从个体主体发展到群体主体再向社会主体过渡的历程，并且是不断追赶世界科技主体发展潮流的历程。其间，科技主体的社会地位、社会作用不断提高，对中国现代化进程的四个阶段发挥了越来越大的推进作用。

现代化的第一阶段，1860—1911 年清王朝为挽救其灭亡命运而从事的现代化努力，主要包括洋务运动、维新运动与立宪运动。与西方一样，中国古代也没有真正意义的科技主体，虽然在我国历史上也曾出现过不少著名科学家，但他们没有形成一个相对独立的社会群体。从事科技研究的学者或工匠处于分散状态，隶属于其他职业，往往是凭兴趣进行研究，以个体方式进行研究活动。即使随着明清之际欧洲科学知识的传入并影响日增，出现了以徐光启为首的一批西方科学的追随者，从而产生了近代意义上的科技主体，也还是作为个体主体而存在，科技主体从个体主体向群体主体的过渡出现于鸦片战争之后，洋务运动期间，一批近代军事工业、民用工业的兴办，一批交通运输企业的兴办，海军的建设，一些开设有西方近代自然科学或实用科学课程的新式学校的建立，赴欧美留学人员的派遣，科举制度的取消，这一系列的举措导致了士林风气的变化，导致了近代知识分子群的出现。他们为中国早期现代化作出了贡献。这一阶段中，科技主体以个体主体为主并向群体主体过渡。

现代化的第二阶段，1911—1949 年资产阶级领导的资本主义现代化努力。这一时期，科技主体由个体为主转变为群体为主。辛亥革命后，在新文化运动时期，科学共同体形成，科学家群体产生，一系列科技学会建立，其中最有影响的是 1915 年成立的中国科学社，它建制全、会员多、范围广、有刊物，对传播先进科技、宣传科技功能、培养科技人才、增强国民科技意识、促进科技规范发展、推进科学研究等起了重要作用。然而，学会毕竟属于一般的学术团体，是群众性的、松散型的科学组织，有一定的局限性。1928 年"中央研究院"成立，这是第一个全国性的统一研究机构，它标志着中国科技群体的发展进入一个崭新阶段。"中研院"成立后，得到了政府的支持，带动了大批科研院所的问世，国民政府教育部曾在 1935 年 1 月做过统计，全国主要学术机关团体共有 142 个，其中属于自然科学一类的共 34 个，占 30.9%。[①] 这样，以"中央研究院"为代表的一种新的科学体制开始突破学会型建制正式脱颖而出，在中国科技

---

① 段治文：《中国现代科学文化的兴起 1919—1936》，上海人民出版社 2001 年版，第 117—118 页。

主体发展中逐步占据主导地位。所以，20 世纪二三十年代中国科学家的职业化过程已经初步完成，中国（近代）科技学术界的成长，科技人员快速增长，各种教育和科研学术机构大量出现，是社会现代化变革酝酿的温床，在社会现代化发展中起着重要的核心作用。但中国的现代化由于种种原因，仍然是道路坎坷，进展缓慢。到 1949 年，中国仍然是一个贫穷落后的国家，农村人口仍占全国总人口的 82.6%。

　　现代化的第三阶段，1949—1978 年传统社会主义模式下的现代化。1949 年新中国成立后，为科技发展展示了广阔的前景，奠定了良好的政治环境，这一阶段中，科技主体从群体主体进一步发展到社会主体。1949 年新中国成立伊始，全国科技队伍不足 5 万人，研究开发人员仅 500 人左右，独立科研机构只有 30 多个。为尽快改变科技落后状态，国家采取了组建科技机构的措施。1949 年 11 月，在旧中国的中央研究院和北平研究院的基础上成立了中国科学院，各产业部门和省市也相继组建一批科研机构，同时高等院校的数量及其研究活动也明显增加，据国家统计局调查，1956 年，全国独立科研机构已达 410 个，研究人员 19603 人，高等院校参加科学研究工作的教师有 17084 人，形成了由国防系统、各产业部门科研系统、地方科研系统、高等院校科研系统及中国科学院等五大科技群体构成的科技社会主体系统，对我国科技发展、社会进步起到重大推动作用。到 1965 年底，全国科学技术人员已达 245 万人，专门从事研究开发的人员达到 12 万人。到 1966 年，经过 17 年努力，我国已初步建成了门类比较齐全的科学研究与技术开发体系。但这一体系也存在不少问题，其中科技与经济脱节，科技成果难以转化为经济效益就显示出这一系统的结构性缺陷。从 1966 年开始的"文革"使我国科技主体成长遭到巨大破坏。1973 年，中国科学院的科研人员只有 1.3 万人，所属科研机构仅剩 53 个，到 1975 年又减少到 36 个，中国的科技事业受到灾难性的打击。[①]尽管经历了这一巨大曲折，但总体来看，这一时期科技主体仍得到很大发展，取得了一系列科技成果，从整体上缩小了中国科学技术同世界先进水平的差距，同时对我国产业技术的发展也作出了应有的贡献，促进了现代

---

① 中国科技发展研究报告研究组：《中国科技发展研究报告（2000）》，社会科学文献出版社 2000 年版，第 50 页。

化事业的更快发展。

现代化的第四阶段，1978 年以来的具有中国特色的社会主义现代化。这一阶段中，科技主体系统得以恢复、转变和进一步发展。首先是恢复，1978 年召开的全国科技大会迎来了我国科技事业的春天，中科院的研究所从仅存的 40 多个增至 119 个，各产业部门的科研机构也逐渐恢复，许多专业人才重新回到原科研技术岗位。至 1985 年底，全国独立科研机构的数目已达 4690 个。① 接着科技体制改革，整个科技主体系统结构变革，各科研组织从分割、分散、重复向加强联合、协作与集中力量的方向转变，科研机构进入市场，科研机构逐渐与企业靠拢，实现了科研机构的企业化转制，并积极推进产学研的结合，沟通了科研机构、大学和企业的关系，加强了国际科技交流与合作，还出现了如科学园区、高新技术产业开发区、民营科技型企业等一系统新的科技主体形式，并实施了一系列计划和工程，初步形成了国家创新系统，科技经济走向一体化，从而使我国科技主体系统得到进一步发展，有力地促进了科技事业和现代化事业的进程。从 2013 年的统计数据看，我国共有 R&D 人员总量为 353.3 万人年，每万就业人员中 R&D 人员为 45.9 人年，R&D 人员中企业所占比重为 77.6%② ；2014 年，全年研究与试验发展（R&D）经费支出 13312 亿元，与国内生产总值之比为 2.09%，其中基础研究经费 626 亿元。全年国家安排了 3997 项科技支撑计划课题，2129 项 "863" 计划课题。截至 2014 年年底，累计建设国家工程研究中心 132 个，国家工程实验室 154 个，国家认定企业技术中心 1098 家。全年国家新兴产业创投计划累计支持设立 213 家创业投资企业，资金总规模 574 亿元，投资创业企业 739 家。③ 全年受理境内外专利申请 236.1 万件，授予专利权 130.3 万件。全年共签订技术合同 29.7 万项，技术合同成交金额 8577 亿元。科技事业取得巨大成就，有力地推进了现代化建设事业。

---

① 中国科技发展研究报告研究组：《中国科技发展研究报告（2000）》，社会科学文献出版社 2000 年版，第 50 页。

② 科学技术部创新发展司：《科技统计数据 2014》，2015 年 8 月 23 日，中国科技统计网（http：//www.sts.org.cn/sjkl/kjtjdt/index.htm）。

③ 中国经济网：中国自主创新能力建设 2014 年度报告，2015 年 4 月 7 日（http：//www.ce.cn/xwzx/gnsz/gdxw/201504/07/t20150407_ 5029914.shtml）。

三　我国科技主体发展过程中的若干问题及其对现代化进程的负面影响

我国科技主体从洋务运动以来不断地成长壮大，发展至今已基本形成了包括科技的个体主体、群体主体和社会主体三大层次的网络立体式大系统，从整体框架上已跟上了世界发展潮流，但从每个层次的具体状况看，还存在许多不足，特别是跟发达国家相比，还有很大距离。

1. 在个体主体层次上，主要矛盾是数量与质量的矛盾

我国科技人员的数量已达到相当大的规模，居世界前列，但是我国研究与开发（R&D）人员的总数虽大，人均研究与开发支出额与批准授予国民专利件数相对还较低。这说明我国人力资源数量不小，但素质和科研效率还需要提高。我国教育投入的不足，也影响科技人员和后备科技人员的素质。而且，有限的教育投入的利用率还存在一定问题，一些国有企业、高等院校和科研机构高科技人才流失，据统计，我国出国留学人员大量留在国外，前些年的情况是学成回国的人数大大低于出国留学的人数，但近些年来学成回国与出国留学人数的比率在不断增大，而已有科技人才由于激励机制和环境等因素的制约，还不能很好地发挥创新能力，造成人才的浪费现象。

2. 在群体主体层次上，主要问题是我国企业还未真正成为技术创新的主体

在企业、高校、科研机构等科技的群体主体中，只有企业与市场是直接联系的，可以直接迅速地获取市场的信息、需求，只有让企业成为技术创新的主体，才能真正实现科技经济一体化，从而使经济与科技都获得发展的强劲动力。目前，除了一些大的企业，大部分企业仍然在技术创新上动力不足、实力有限，对 R&D 的投入很少，发展新技术主要是靠购买，并以进口国外生产线和设备等硬件为主，而对专利、许可证等软技术购买较少，总体来说，企业还没有真正成为技术创新的主体。

近年来，我国企业自主创新活动取得积极进展，但从整体上看企业自

主创新能力还处于较低水平。据统计我国企业自主知识产权的拥有率很低，全国60%以上的企业没有自主品牌，99%的企业没有申请专利①，多数创新活动还处于跟踪模仿或配套技术的开发上，特别是关键技术自给率低，产业技术的一些关键领域存在着较大的对外技术依赖，不少高技术含量和高附加值产品主要依赖进口。2014年，全国共登记重大科技成果52477项，比上年增长1.5%。从完成单位的类型看，企业完成22688项，占43.2%。②

需要提高企业自主创新经费的投放水平。近年来，企业科技投入的总量呈快速增长态势，2005年，我国大中型工业企业研发投入达1250.3亿元，总额首次超千亿元，研发投入占全社会研发投入的份额首次过半，达51.9%，标志着大中型工业企业的自主创新建设迈上了一个新台阶，但与美国等发达国家相比，还有差距。2013年，我国R&D经费总支出为1912亿美元，企业的R&D经费占总R&D经费的76.6%，为1465亿美元，而美国2012年的R&D经费总支出为4535亿美元，其中企业的R&D经费支出为3165亿美元。我国企业的研发投入强度（R&D投入与产品销售收入之比）很低，2013年规模以上工业企业R&D经费投入强度为0.80%③，远低于国际先进水平。一般来说，只有当研发投入强度达到5%以上的企业才具有足够的市场竞争力，我国企业研发投入强度多年徘徊在较低水平，主要是生产经营活动维持在产业链低端，企业的技术创新活动基本上维持在对一些低端技术的研发上，即以支撑当前的生产经营为主要目标，以在引进技术的基础上进行部分开发活动为主要形式，基本上没有涉足或没有能力涉足战略性的超前研究开发、主业关键核心技术的开发和大规模的系统性技术集成等技术创新的高端，高端的创新活动基本上被跨国公司控制。所以，一定要想方设法提高企业的研发投入强度，为企业开展自主创新提供充足的资金保障。

---

① 孟庆利：《我国99%的企业没有申请专利》，《羊城晚报》，2009年10月9日。
② 科学技术部发展计划司：《2014全国及各地区科技进步统计监测结果（一）》，2015年2月11日，中国科技统计网（http://www.sts.org.cn/tjbg/tjjc/tcindex.asp）。
③ 科学技术部创新发展司：《科技统计报告2015年第10期（总第567期）——2013年规模以上工业企业R&D活动分析》，2015年2月28日，中国科技统计网（http://www.sts.org.cn/tjbg/dzxqy/dzindex.asp）。

需要加强企业自主创新组织建设与研发活动。据统计 2013 年，全国拥有研发机构的规模以上工业企业共 4.3 万个，占全部规模以上工业企业的 11.6%，开展 R&D 活动的规模以上工业企业有 5.5 万家，占全部规模以上工业企业的 14.8%[①]，可见，我国企业拥有的研发机构比重很低，企业开展科技活动不充分，大部分企业的技术创新活动仍处于一种松散状态，而在发达国家有 80% 的科研在大企业中完成。

整体来看，我国企业的社会地位普遍较低，表现在与政府部门、科研机构、高等学校相比，虽然总量上占大部分，但拥有的人才层次相对较低，国家统计局 2006 年 9 月进行的一次企业创新专项调查结果显示，技术人才短缺是影响企业创新的主要障碍之一。[②] 另外企业从政府获得的科研经费比之科研机构、高等学校也少，2013 年企业从政府获得的研发经费 409 亿元只占政府研发经费总支出 2501 亿元的 16.4%，因此，我国企业只有也必须走向价值链高端，才能提升人才质量，提高研发投入，最终形成高投入、高产出的良性循环，进而确立企业应有的社会地位。

3. 从社会主体层次看，重点工作是进一步完善国家创新系统

作为科技的社会主体系统的国家创新系统是由企业、科研机构、高等院校和政府部门等通过相互联系和合作构成的更高一级的网络体系，它以推动技术创新和知识创新为目的。经济合作与发展组织在其 1997 年《国家创新系统》研究报告中提出，技术和信息在人、企业、各机构间的流动是创新过程的关键所在，创新和技术的发展由该系统中各行为者之间错综复杂的关系所决定，这些行为者包括企业、高等院校和政府研究机构。评估和测度一个国家的创新系统主要是看在各行为者之间知识和信息流动情况：即企业之间的相互作用，企业、高校和研究机构之间的相互作用；知识和技术向企业扩散；人员在各部门内部或之间的流动；这些行为者之间的联系多种多样；可以是共同研究、人员交流、交叉专利、购买设备以

---

① 科学技术部创新发展司：《科技统计报告 2015 年第 10 期（总第 567 期）——2013 年规模以上工业企业 R&D 活动分析》，2015 年 2 月 28 日，中国科技统计网（http：//www.sts.org.cn/tjbg/dzxqy/dzindex.asp）。

② 邢孝兵、王诣杉：《对外贸易与自主创新——基于企业技术创新投入的分析》，《华东经济管理》，2010 年第 7 期，第 71 页。

及许多其他渠道。① 我国的国家创新系统由计划经济时代的"政府主导模式"改革而来，还处于初级阶段，通过实施"211"工程、技术创新工程、知识创新工程等一系列工程，逐渐在国家层次上形成了建设国家创新系统的战略布局。企业之间、企业、高校和研究机构之间的相互联系正越来越紧密，并出现一些新的组织，高新技术开发区、国家工程技术研究中心、生产力促进中心、民营科技企业、技术市场等技术创新园区和中介机构迅速发展，加快了成果商品化、产业化和扩散的进程，为经济发展作出了重要贡献。但是，从总体上看，我国国家创新系统还有待完善，高校、研究机构与企业的联合研究水平还较低。90 年代以来，企业与科研机构、企业与高校及高校与科研机构合著论文数呈增加趋势，表明越来越多的科学和工程研究是在不同部门的研究人员共同合作下进行的，但所占比重依然很小。2009 年，研究机构独立完成的项目经费 446.3 亿元，占 77.0%；与国内独立研究机构合作项目 63.2 亿元，占 10.9%；与国内高校合作项目 20.2 亿元，占 3.5%；其他合作形式项目 50.1 亿元，占 8.6%。② 研究机构与企业、高校之间合作研究活动不活跃。此外在企业、研究机构、高校申请专利授权总数中，由企业与研究机构和大专院校联合申请专利授权数所占比例很小。这说明我国国家创新系统的结构还不尽合理，技术和信息在各行为者之间的流动还不充分。

四　现代化进程中我国科技主体的发展趋势及相应的战略选择

在当今新科技革命和经济全球化两大潮流的推动下，科学技术在研究的内容、规模、组织、社会影响力等诸多方面呈现出一系列新的特点，与此相适应，科技队伍也呈现出了新的发展趋势，顺应这一发展新趋势，针对我国科技队伍的现状和存在的问题，尤其是科技队伍在三个层面上的不足，我们必须努力促进我国科技队伍的发展。

① 石定寰主编：《国家创新系统：现状与未来》，经济管理出版社 1999 年版，第 186 页。
② 国家统计局、科技部、国家发展改革委、教育部、财政部、国防科工局：《第二次全国科学研究与试验发展（R&D）资源清查主要数据公报（第三号）》，2010 年 11 月 22 日，中国科技统计网（http://www.sts.org.cn/tjbg/tjgb/document/2009/rdgb2009_3.htm）。

1. 促进我国科技队伍的发展

适应科学技术研究向复杂性、非线性方向发展的趋势，调整科技人员的认知结构。过去，由于认识能力和认识手段的限制，人们总是采用线性化方法处理问题，把复杂的客观事物加以简化，把复杂系统分解为一些简单系统，对非线性问题进行线性处理，线性化方法虽然曾经在科学研究中取得了巨大成绩，但现在看来，线性、简单性只是局部的，非线性、复杂性才是普遍存在的，线性简单性问题不过是非线性复杂性的一个特例。世界的本质是非线性的、复杂的，自然界、社会、精神领域到处都表现出不断增加着复杂性的进化行程。当代科学技术越来越重视复杂性、非线性现象，研究复杂性、非线性现象共性的非线性科学在 20 世纪 60—70 年代得以产生，非线性科学要研究和处理的客观对象是涉及大量单元和子系统的复杂系统，并且这种复杂系统又可以包含自然的、社会的、精神的多种要素，各要素之间存在复杂的相互作用，这就要求人们摒弃过去那种简单化、线性化地研究和处理问题的思维方法，改变过去分门别类地单科性研究的传统，而建立起具有复杂性和开放理性的认知结构，这对我国科技人员尤其必要，由于学科划分过细、体制僵化等历史原因，我国科技人员的知识结构往往比较单一、视野狭窄，思维不灵活，运用非线性科学，如实地研究客观世界的复杂性，需要在以下几个方面加以努力：一是承认非理性的事物（偶然性、无序、逻辑缺口），学会在与非理性的事物打交道中工作。二是承认有序与无序的不可分离性和无序的建设性。三是重新审视组织概念和界定自组织概念。四是重新认识主体概念的前史及其在社会—文化中的演化。五是重新审视人类文化的地位与功能。六是形成融自然科学知识、人文社会科学知识为一体的知识结构。

2. 适应科技加速度发展的要求，增强科技人员的创新能力

近代科学诞生后，其发展速度日益加快，特别是第二次世界大战后，科学技术发展呈指数增长的趋势，人类在 20 世纪最后 30 年创造的科技成就，超过以往时代的总和。由于科技知识的加速度增长，科技知识的更新速度也加快，社会劳动结构和工作岗位不断变化，职业培训成为一种终生教育。科学技术发展规模的扩大使科技研究队伍相应扩大，科研经费投入不断增长。从科学发现到技术发明的周期日益缩短，竞争的领域前移至研发阶段，原始创新成为竞争的制高点，科学技术呈现出的这种全方位加速度发展态势，对科技人员提出了更高的要求，不仅要拥有科技知识，更重要的是更新科技知识，实现科技创新，创新能力成为今天科技人员的最重要的能力之一，我国科技人员的创新能力还比较弱，无论是作为个体的科学家、工程师的人均论文和专利数，还是作为群体的企业的技术创新能力，还是作为社会整体的国家创新系统的创新功能，都存在着不容忽视的问题，我国尤其是缺少原始创新，改变这一现状必须从多方面着力改革，要大力改革现行的教育体制，变传统的以教育者为中心的教育体制为现代的以受教育者为中心的教育体制，重视素质教育，重视创造性思维的培养、创造性品格的塑造，在提倡创新精神、形成创新机制、优化创新环境的创新文化氛围中，培养一代创新型科技人才。

3. 适应知识经济的发展要求，提升科技人员的社会地位

知识经济是建立在知识和信息的生产、分配和使用之上的经济，是知识对经济发展起主导作用的经济，在知识经济中，推动经济发展的主要因素已不是土地、劳力及资本，而是知识。知识经济的"知识"中，其核心部分是科学技术知识。当今世界，经济发展正在从工业经济向知识经济过渡，发达国家20世纪70年代开始已初步进入了知识社会，工业经济衰弱，知识经济崛起，产业结构发生调整，出现大量新的知识产业群，科技对经济增长的贡献率已达到约80%左右，在社会的总劳动力结构中，知识劳动者将成为主体，从事知识的生产、分配和使用将成为主要工作，如：教育、研究与开发、通信媒介、信息设备和信息服务等知识产业成为主要产业，科学家、工程师的数量将大大增加，科技人员的社会地位因其对社会的巨大贡献而迅速提高，社会地位上由低到高的这一转变是必然趋势，不仅已发生在发达国家，而且也正在我国逐渐显现，近年来我国科技人员正越来越受到重视，当然，由于我国目前还处于工业化中期，实现工业化仍然是我国现代化进程中艰巨的历史任务，知识经济所占份额还很少，加上我国过去的计划经济模式自身排斥科学技术，导致我国科技人员的社会地位还不够高，科技人员的价值没有得到真正体现，科技人员作出

的贡献没有得到应有的回报，不少科技人员为了得到较高的社会地位只有从政当官，从而影响了科技人员的积极性，也会阻碍社会的前进步伐，必须通过深化科技体制改革、完善市场经济体制、调整经济结构、提高经济中的科技含量，从而在合理的社会结构和机制中使科技人员的价值真正体现出来，建构起知识型的社会有机结构。要给予真正有贡献有成就的科技工作者相应的社会地位和报酬，而不是仅以提拔到"领导岗位"作为肯定和回报。要让知识、掌握知识的人才尤其是创新人才真正拥有令人羡慕的社会地位，使学术权威和行政权力并重，从根基上改变"学而优则仕"的传统观念，改变"官本位"的状况。

4. 适应科技的风险性增高趋势，加强科技人员的社会责任感

当今科学技术正向纵深发展，科技的社会功能日益增强，科技的强大力量在给人类带来巨大利益的同时，科技又给人类带来了许多负面效应，产生了大量的不可预测的副作用——技术和生态风险，如环境污染、生态失衡、资源耗竭等全球性问题的产生，以及转基因食品的隐患、克隆技术的伦理学禁区、核武器的扩散等核技术的、化学的、生物的风险。科学技术是一把双刃剑，随着科学技术的进一步发展，人类所面临的科技风险性会越来越高，如何预防风险、监督风险，建立相应的风险预防和监督机制十分重要，如开展可行性研究，健全技术评估制度，加强科技立法，其中更重要的是增强科技人员的社会责任感，现代的科学家不仅从事自己的专业工作，作为社会精英，他们还经常参与政府和工业的重大决策，享有特殊的声誉，他们的意见会受到格外的信任。科技人员要对科技活动的后果负起责任来，不仅要关心是否把工作做好了，还要考虑是否做了好的工作。科技人员的能力增加了，则其行为的后果会更复杂、更严重，更持久而且不易预测。科技的负效应在我国也已明显暴露，人和自然的矛盾愈益尖锐，环境问题、资源问题日益突出，要使科技、经济、社会协调发展，增强我国科技人员的社会责任感已刻不容缓。科技本身负载着价值，当代科技人员在科技活动中应发挥能动性和创造性，遵循客观公正性的公众利益优先的基本伦理原则，承担起自己的责任。科技人员不是孤立的、抽象的存在物，而是处在一定社会关系之中并受一定社会因素制约的现实的人，他们研究什么不研究什么要受制于人与自然之关系的现状，他们的研

究成果要被运用于人类社会，他们的事业应造福于人类，服从协调人类与自然之关系这个大前提。

5. 适应科技经济一体化趋势，加强科技与经济的结合，提高科技人员实践能力

科学技术与经济的有机结合，既表现为科技支撑着经济，经济发展依赖于科技进步，又表现为经济支持的科技，科技发展需要经济投入与支持。随着科学技术的日益发展，科学技术与经济的结合度越来越高，实现了科技与经济的一体化，2012 年，我国科技进步贡献率达到 52.2%，比 2003 年提高 11.3 个百分点。[①] 在这一进程中，科技人员、科技群体所获得的科技经费支持迅速增加，所取得的科研成果的经济效益明显加大，所形成的科技经济意识日益清晰、自觉，我国科技与经济的结合度有待进一步加强，一是体现在对科技人员的经费投入要有重点地大幅度提高，我国人均 R&D 支出 2010 年仅 77.4 美元，而同年美国这一指标是 1318.3 美元，日本是 1402.7 美元，英国是 654.6 美元，韩国是 775.5 美元，我国的差距甚大（见附表 2—1—1、附表 2—2—1、附表 2—3—1、附表 2—4—1、附表 2—5—1）。二是企业要真正成为技术创新的主体，企业与市场直接相联，可以直接迅速地获取市场的信息、需求，只有让企业成为技术创新的主体，才能真正实现科技经济一体化。三是进一步深化经济体制和科技体制的改革，进一步完善市场经济体制，从体制、政策、战略的制定上和实施上，把科技与经济紧密相结合。真正的市场经济是科技经济，是讲究效益的经济，市场经济是科技发展的内在动力。四是顺应科技国际化和经济全球化大潮，从全球化视角整合、重组科技资源，利用国内、国际两种经济力量培养、支持科技人员，如争取各种国际合作项目，在跨国公司的研发机构中得到培训，还要使科技人员、科技群体在国内、国际两大市场上发挥出经济效益。如鼓励大企业走出国门，面向世界，发展技术出口，提高技术产品的出口比例，鼓励跨国申请专利等等，从而切实地提高科技人员的实践能力。

---

① 中国科学技术发展战略研究院：《国家创新指数报告 2013》，2014 年 3 月，人民网（ht-tp：//scitech. people. com. cn/GB/1059/383163/index. html）。

6. 适应科技交往实践的发展趋势，促进科技队伍的交往活动

实践活动可分为生产活动和交往活动，科技实践也就相应地区分为科技生产实践和科技交往实践，随着经济全球化和科技国际化的推进，科技交往实践在交往的内容、范围、媒介形式、中介等方面正发生着巨大的变化：在交往的内容方面，不仅有科技产品、科技设备等物质交往，还有国际技术贸易、跨国申请专利、许可证、遵循共同的技术标准、共同的科技规则、制定战略技术联盟、国际科技合作与交流等精神的、知识信息的交往，也还有留学、科技移民等人才的交往；在交往的范围方面，既有国内各行业各学科内部和行业之间、学科之间的内部交往，实现着先进行业、先进学科、先进部门向落后行业、落后学科、落后部门的科技转移，又有世界范围的科技中心、科技高地向相对落后的地区、行业、部门的科技转移；在交往的媒介形式上，基于现代通信技术的信息交往越占据主导性地位；在交往的中介形式方面，各类科技会议、科技项目、科技培训、合作发表论文、合作著书及联合研究开发都是有效的科技交往中介，并出现了一系列新的中介形式，如高新技术开发区、工程技术研究中心、生产力促进中心、民营科技企业、技术市场、大学科技园等技术创新园区和中介机构。我国科技交往的总体水平还较低，主要表现在重硬件交往轻软件交往，重行业内部、学科内部、部门内部交往轻相应的外部交往，此外信息基础设施不完备，各类中介形式有些徒有其表，重数量轻质量现象严重。要促进我国国内及与世界在科技领域的物质交往、精神交往和人才交往，发展和巩固交往的各种中介形式，使我国科技队伍的交往内容进一步丰富，交往范围进一步扩大，交往形式进一步多样化，并重视实质性的发展，其中重点工作应放在进一步完善我国国家创新系统，使技术和信息在人、企业、科研机构、高等院校和政府部门等行为者之间的流动顺畅、充分，加强各行为者之间的相互联系和合作，形成与世界创新系统相关联的国家级网络体系。

7. 加大对知识产权的保护力度，为企业自主创新提供良好的法治环境

我国企业之所以申请专利和注册商标的积极性不高，与我国知识产权保护乏力密切相关，据统计，从主观上看，90% 以上的企业对创新都较重视。但是，我国目前法制还不够健全，侵犯知识产权的现象屡禁不止，这一现象严重影响了企业申请专利和注册商标的积极性。据统计 2013 年，全国开展 R&D 活动的规模以上工业企业有 5.5 万家，占全部规模以上工业企业的 14.8%，拥有研发机构的规模以上工业企业共 4.3 万个，占全部规模以上工业企业的 11.6%，企业申请专利 56.1 万件，其中发明专利 20.5 万件，可见开展创新活动的企业还只是少数①，要尽快加大对知识产权的保护力度，提高企业的创新积极性。

8. 建立风险机制，为企业自主创新提供风险资金支持

创新有风险，目前企业创新资金的主要来源是内部筹资，这种资金一是数额有限；二是抗风险性低，企业的目的一方面规定了企业的自主创新动力；但另一方面却又在一定条件下制约了企业的这一行为，当风险太大，大于其可以承受的能力，甚至影响其生存时，企业必然放弃自主创新。在风险资本市场缺乏或发展不充分的情况下，很难指望企业自觉选择自主创新。所以要尽快完善风险机制，建立和发展风险基金，为企业自主创新提供风险资金支持。

9. 加强政策引导，为企业自主创新提供制度保障

一些久拖不决的问题有望通过新政策的制定和实施得到解决。比如，我国企业长期以来的引进国外先进技术和消化吸收的资金之比是不合理的，2000 年企业技术引进经费 304.9 亿元，而企业消化吸收经费为 22.8 亿元，消化吸收经费与技术引进经费之比为 7.4%，而从国际比较看，日、韩两国技术引进与消化吸收的比例则达到了 1∶10，即消化吸收经费与技术引进经费之比为 1000%。过少的消化吸收经费严重影响了我国对国外先进技术的吸收，《国家中长期科学和技术发展规划纲要（2006—2020 年）》及其配套政策出台，为解决诸如这一

---

① 科学技术部创新发展司：《科技统计报告 2015 年第 10 期（总第 567 期）——2013 年规模以上工业企业 R&D 活动分析》，2015 年 2 月 28 日，中国科技统计网（http://www.sts.org.cn/tjbg/dzxqy/dzindex.asp）。

类问题提供了政策支持。2012 年，我国企业技术引进费用为 393. 9 亿元，企业消化吸收经费为 156. 8 亿元，与技术引进经费之比也由 2000 年的 7. 4% 上升到 2012 年的 39. 8%。企业只重引进、不重吸收的状况得到根本扭转。[①]

此外，我国企业技术引进经费与企业 R&D 经费的比值则持续下降。2000 年技术引进经费为 R&D 经费的 62. 3%，2008 年这一比例下降到 15. 2%，到 2013 年进一步下降到 4. 7%。这表明我国企业已经由高度依赖国外技术逐渐转变为自主创新为主、技术引进为辅。[②]

10. 营造创新文化氛围，为企业自主创新提供文化支持

自主创新需要适宜的创新文化土壤，要形成鼓励创新、宽容失败、尊重知识、强调合作、崇尚学习、敢冒风险的创新文化氛围，我国目前创新文化发展滞后于自主创新的要求，成为自主创新的主要阻碍因素之一，以上谈到的知识产权保护、风险机制、引进消化吸收的比例等问题与我国创新文化发展不足的现状密切相关，要吸取我国传统文化的精华部分，学习发达国家的先进观念，反映当今科技发展的时代精神，加强创新文化建设和发展。

11. 加强政产学研的结合，发挥政府的主导作用

产学研合作是解决企业尤其是中小企业研发能力不强的有效途径，近年来，我国产学研联合得到较快发展，但是产学研结合机制还不完善，往往是短期的、松散的合作较多，长期的、紧密的合作较少，政产学研联盟的基点当然是企业，但在政产学研结合中也要注意发挥政府的主导作用，政府是制度与机制的制定者，是创新的推动者，是各要素间的组织协调者。要注重利用政府的有形之手，创新政策环境，构建服务平台，建设发

---

① 科学技术部创新发展司：《科技统计报告 2013 年第 16 期（总第 551 期）——2012 年规模以上工业企业 R&D 活动分析》，2013 年 12 月 26 日，中国科技统计网（http: // www. sts. org. cn/tjbg/dzxqy/dzindex. asp）。

② 科学技术部创新发展司：《科技统计报告 2015 年第 10 期（总第 567 期）——2013 年规模以上工业企业 R&D 活动分析》，2015 年 2 月 28 日，中国科技统计网（http: //www. sts. org. cn/ tjbg/dzxqy/dzindex. asp）。

展载体，提供资金支持。

企业自主创新主体地位的真正确立是一项系统工程，需要企业具备这一主体应有的人力、财力、组织结构、价值观及适宜的环境等条件，在创新驱动战略的指导下，相信我国企业必定会实现这一目标。

12. 高校科技创新将出现新的发展趋势，也面临着新的挑战和机遇

第一，随着我国国家创新体系的日益完善，我国企业技术创新的能力将越来越强，企业技术创新主体地位日益彰显，高校科技创新将越来越向上游偏转，基础研究的重担将更多地落到高校的肩上。第二，随着我国科技经济一体化趋势的加强，高校科技创新将更直接地为国家和地方经济建设和社会发展做贡献。高校应该紧紧围绕经济建设主战场，着力构建学校科技创新体系，为经济社会发展做更大的贡献。第三，我国高等教育已初步形成了在科技创新、传播和应用上各有侧重的研究型大学、教学研究型大学和教学型大学的层次结构体系。随着这一体系的不断完善，将逐步形成一批有较强科技实力和较高科技水平的高校，我国实现国家目标的科研项目和科研机构将明显地向有较高水平的大学集中。

现代化进程的根本动力是科学技术，而这一核心动力的载体是科技主体，科技主体在三个层次上的不足将会延缓现代化进程。从现代化的指标体系来看，根据同响评价模型，判断第二次现代化的实现程度，主要就是看一个国家知识创新、知识传播与知识应用三方面的情况，这三大类指标又可具体化为16项指标：①知识创新经费投入；②知识创新人员投入；③居民专利申请；④中学普及率；⑤大学普及率；⑥电视普及率；⑦因特网普及率；⑧城镇人口比例；⑨医疗服务；⑩总和生育率；⑪婴儿存活率；⑫人均能源消费；⑬人均GNP（美元）；⑭人均购买力；⑮物质产业增加值比重；⑯物质产业劳动力比重。其中，第1、2、3项是知识创新指标，第4、5项是知识传播指标，它们跟科技主体的发展直接相关，本身就是科技主体发展情况的指标，而第8、9、10、11、12项是知识应用指标（生活质量），第13、14、15、16项是知识

应用指标（经济质量），这些指标要通过科技主体的成长推动科技发展和科技的应用来实现，第6、7项是知识传播指标，也随科技主体的成长而提高，所以我国科技主体发展过程中存在的一系列问题，将严重影响现代化的进程，必须予以高度重视，并通过深化改革切实加以解决。

下篇　科技创新与苏南现代化

第八章　苏南率先基本实现现代化
的内涵与实现程度

一　苏南率先基本实现现代化的内涵

1. 苏南简介

"苏南"一词的确切来历是从 1951 年到 1953 年存在了 3 年的苏南行政区，意即江苏南部。传统意义上的苏南，只指苏州、无锡、常州 3 个市。2000 年，江苏省委、省政府把全省分成苏南、苏中和苏北三大区域，把南京、镇江两市划入了苏南范围。江苏苏南地区包括苏州、无锡、常州、南京、镇江五市，拥有土地面积 2.8 万平方公里，3000 多万常住人口。苏南位于长三角的核心地带，是长三角增长活力最强的地区，是我国科教资源最丰富、经济社会最发达、现代化程度最高的地区之一，其中心城市综合实力位居全国同类城市前列，多个县（市）进入全国县域经济基本竞争力百强县前 10 名。一直以来苏南就是江苏综合实力最强的区域，是江苏经济社会发展的动力源，同时也是全国经济社会发展的高地。苏南比邻全国最大的商业重镇上海，通江达海，交通方便，信息灵通，人才富集，资本丰富，各种发展资源和市场要素齐备，具备快速发展的良好条件。

苏南空间发展布局层次分明、主体突出，基础设施的现代化功能日益增强。苏南五市已形成以沪宁线为发展主轴、沿江为发展次轴，南京都市圈和苏锡常都市圈组成的"两轴两圈""亚"字形空间发展结构，高速铁路、国际航空港等基础设施的现代化功能日益增强、叠加效应逐步突现，构成区域内各城市间的连接骨架和转换枢纽，向心集聚力和对外辐射力进一步增强。① 苏南交通网络日趋完善，1 小时都市圈基本形成，进入区际通勤时代。苏南已成为我国推进区域一体化发展条件比较成熟的区域之一，具备了跻身世界级城市群的良好基础。

在近代，苏南是中国民族工商业的发祥地，20 世纪后期起，苏南的乡村工业异军突起，成为世人公认的乡镇企业的发源地。现在苏南地区进入了工业化后期，产业结构、所有制结构、区域结构和增长动力都发生了很大变化，正处在向创新型经济转型升级的关键时期。苏南属于吴越文化，苏南人向来小巧细致、聪明伶俐、求真务实、敢为人先。基于山水相生、江海相连，苏南人与生俱来有外向眼光，离土离乡闯世界也就自然而然。也正因为如此，苏南人尊师重教、敢闯敢干的风气浓厚，尊重知识、尊重人才，解放思想、敢于突破，注重积累、实现超越，形成了永不停息的创新文化。

江苏苏南地区是中国现代化的先发地区之一，改革开放以来，苏南已经历了两次经济转型，第一次是乡镇企业的异军突起，实现了从农业经济向工业经济的历史转变；第二次是以外向型经济的构建为动力，实现了向开放型经济的转型；目前正处在第三次经济转型的关键时期，这次是向创新型经济转型，使创新成为经济发展的主要驱动力。在江苏加速"率先全面建成小康社会、率先基本实现现代化"进程中，苏南已于 2007 年底率先总体上达到了全面小康水平，2007 年，苏南以人均GDP 达到 8000 美元、城镇居民人均可支配收入超过 2500 美元、农民人均纯收入超过 1000 美元的综合实力，率先实现以县为单位的全面小康目标。目前正力争实现第二个率先，即率先基本实现现代化。然而在苏南率先基本实现现代化的进程中还存在一些理论和实践的问题需要解决，因此，对苏南基本实现现代化的内涵进行深入的探讨、把握和分析苏南科技创新与基本实现现代化的现状、并进一步研究其发展对策，具有重要的理论价值和现实意义。

---

① 刘福林、吴权：《苏南基本实现现代化的基础和追求目标》，《江苏基本实现现代化理论研讨会论文集》，中共江苏省委研究室，2012 年 7 月。

图8—1 苏南地图

2. 苏南率先基本实现现代化的内涵

关于现代化进程的系统研究开始于20世纪50年代，产生了丰富的理论成果，如经典现代化理论、后现代化理论、生态现代化、再现代化理论、第二次现代化理论等，综合这些理论成果对现代化含义的研究，尤其是根据第二次现代化理论，可以把现代化定义为18世纪工业革命以来人类社会所发生的深刻变化，它包括从传统经济向现代经济、传统社会向现代社会、传统政治向现代政治、传统文明向现代文明转变的历史过程及其变化。现代化可以分为两个阶段（两次现代化），第一个阶段（第一次现代化）是从农业文明向工业文明的转变过程，是以发展工业经济为特征的经典现代化，其发展动力是投资、技术进步、工业化、城市化等，经济发展是第一位的，满足人类物质追求和经济安全；第二个阶段（第二次现代化）是从工业文明向知识文明的转变过程，是以发展知识经济为特征的新现代化，其发展动力是知识创新、制度创新、人力资本和专业人才等，追求生态化、幸福最大化，标志是知识化，生活质量是第一位的，满足人类幸福追求和自我表现，物质生活质量可能趋同，但精神文化生活高度多样化（何传启，2003）。发达国家从20世纪70年代起，已进入现代化的第二阶段，追求知识化、生态化、幸福最大化、创新等。从现代化的领域看，现代化是包括经济、政治、社会、文化、个人、生态等诸方面的深刻变革在内的系统工程。现代化过程是一连串的经济和社会转型过程，各地区的现代化发展具有进程不同步、空间不均衡、结构稳定性和地位可变迁等规律（何传启，2004）。

我国从洋务运动开始就启动了现代化进程，但真正的现代化是从新中国建立以后开始，至今仍还处在现代化的第一阶段，即工业化时期，邓小平根据中国现代化的实际情况，曾提出了"三步走"发展战略，明确了到 21 世纪中叶我国人均国民生产总值要达到中等发达国家的水平，人民生活比较富裕，基本实现现代化。中共江苏省委根据自己的实际和中央对江苏的发展要求，早在 2003 年就提出全省在 2020 年率先基本实现现代化的目标，并且要求苏南有条件的地区到 2010 年率先基本实现现代化。在 2011 年年初召开的江苏省十一届人大四次会议上，江苏省省长李学勇在政府工作报告中提出，"十二五"时期，江苏省将全面建成更高水平小康社会，苏南等有条件的地方率先进入基本现代化。在国务院正式批准实施的《长江三角洲地区区域规划》中，明确长三角地区的战略定位是亚太地区重要的国际门户、全球重要的现代服务业和先进制造业中心、具有较强国际竞争力的世界级城市群，并要求长三角地区 2020 年率先基本实现现代化。因此苏南基本实现现代化正处于关键时期。

根据上述现代化的理论和现代化实践的要求，可以明确苏南率先基本实现现代化的内涵，是指苏南在率先全面建成小康社会的基础上，率先向现代经济、现代政治、现代社会、现代文明转变的历史过程及其变化，目标是率先总体上达到世界中等发达国家水平，实现经济、政治、文化、社会、生态和人的全面的多领域的变革和向现代文明的转变。具体而言：

第一，苏南基本实现现代化的任务是双重的。苏南作为我国现代化的先发地区，目前已处于现代化进程中的工业化后期，即将进入现代化的第二个阶段即知识化阶段，也已面临现代化第二阶段的挑战和机遇，需承担两个阶段的双重任务，实现跨越式发展，既要实现工业化、城市化，更要注重向知识化的转变，追求生态化、人民生活幸福最大化，要实现全方位进步。要实现"质的提升"，"要更加强调经济

社会的协调发展，更加体现以人为本，强调人的现代化。"（洪银兴，2011）

第二，苏南基本实现现代化的发展动力不仅是投资、技术进步，满足人类物质追求和经济安全，更是知识创新、制度创新、专业人才，满足人类幸福追求和自我表现。要实现从要素和投资驱动向创新驱动的转变，成为科教人才强区。

第三，苏南基本实现现代化的速度要快于我国其他大部分地区、发展水平要高于我国其他大部分地区，要实现区域的领先发展和保持先发优势，进而起到辐射带头作用，再实现共同富裕。因此必须使苏南的强项更强，弱项也要转变为强项。苏南的率先基本现代化作为现代化区域发展战略是可能的也是必须的。江苏省委书记罗志军在主持集体学习时说，我国是世界上最大的发展中国家，区域发展不平衡是我们最大的国情，这就决定了各个不同区域的现代化进程必然有先有后。从国家发展大局看，全国的科学发展、和谐发展需要东部地区的率先探索和实践来引领示范，中西部地区的跨越发展需要东部地区率先发展来带动和支持。率先基本实现现代化，是中央对江苏的殷切期望，是全省人民的热切期盼，也事关为全国现代化建设探索路子、积累经验。

总之，苏南基本实现现代化是苏南经济和社会的转型过程，是苏南在不同领域追赶世界先进水平的发展过程。

二　苏南基本实现现代化指标及其实现程度分析

1. 苏南基本实现现代化的指标体系

根据上述现代化内涵的理论分析，参考了国内外多个现代化指标体系，如英克尔斯指标体系、何传启评价模型、同响评价模型、无锡市基本实现现代化指标体系以及上海、深圳等地的指标体系，根据全面性、代表性、特色性、前瞻性、可比性、可操作性等指标体系构建原则，从苏南经济发展、国民素质、生活质量、社会发展、生态发展等五个方面选择了18 项 20 个指标，经综合研究确定了基本现代化目标值，从而构成了以下苏南基本实现现代化指标体系（见表 8—1）。

表 8—1 苏南基本实现现代化各指标数值（2010—2014 年）

指标分类	序号	指标名称	单位	2010年数值	2011年数值	2012年数值	2013年数值	2014年数值	基本现代化目标值
一、经济发展	1	人均 GDP（常住）	元	79501	90622	101370	110051	117477	>130000
	2	第三产业增加值占 GDP 比重	%	43.7	44.8	46.2	47.4	50	>60
	3	高新技术产业产值占工业总产值比重（规模以上）	%	35.3	39.13	40.87	42.62	44.04	>50
	4	R&D 经费占 GDP 的比重	%	2.4	2.49	2.57	2.64	2.59	>3
	5	每万人口专利受理量（常住）	件	38.4	37.97	42.21	46.44	48.67	>50
二、国民素质	6	万人因特网用户数（常住）	人	1832.9	2344.5	2299.8	2415.5	2574.8	>4000
	7	平均预期寿命	岁	78.08①	81.29①	81.44①	81.91①	82.16①	>78
	8	每万人拥有医生数（常住）	人	18.55	16.97	18.79	20.24	24.53	>26
	9	每万人口在校大学生人数（常住）	人	393.6	392.2	340.5	395.7	398.3	>400
三、生活质量	10	（1）城镇居民人均可支配收入	元	27780	31762	35827	39224	42753	>70000
		（2）农民人均纯收入	元	12978	15213	17160	19107	20954	>32000

续表

指标分类	序号	指标名称	单位	2010年数值	2011年数值	2012年数值	2013年数值	2014年数值	基本现代化目标值
三、生活质量	11	（1）恩格尔系数（城市）	%	35.3	35	34.3	33.8	27.3	<30
		（2）恩格尔系数（农村）	%	35.4	35.8	35.7	35.2	29.1	<30
四、社会发展	12	城镇人口比重	%	70.8	71.9	72.7	73.7	74.3	>70
	13	第三产业劳动者占社会劳动者比重	%	40.6	42.5	40.7	41.4	41.8	>50
	14	城镇登记失业率	%	2.58	2.65	2.53	2.13	1.84	<3
	15	每万人刑事案件发案率	件	68.14[①]	69.86[①]	66.37[①]	62.87[①]	61.04[①]	<75
五、生态发展	16	万元GDP能耗	吨标准煤/万元	0.85[②]	0.84[②]	0.805[②]	0.77[②]	0.73[②]	<0.5
	17	城市绿化覆盖率	%	42.2[②]	42.2[②]	42.6[②]	42.9[②]	42.9[②]	>45
	18	城市污水集中处理率	%	90.5[②]	90[②]	92.1[②]	94[②]	95[②]	>95

说明：根据《江苏统计年鉴》、《长江和珠江三角洲及港澳台统计年鉴》、苏南五市《国民经济和社会发展统计公报》、无锡市统计局开展的基本实现现代化统计监测报告相关年度数据整理计算。①为无锡数据、②为苏州数据。

表 8—2 　　　 苏南基本实现现代化各指标指数（2010—2014 年）

指标分类	序号	指标名称	单位	2010年指数	2011年指数	2012年指数	2013年指数	2014年指数	基本现代化目标值
一、经济发展	1	人均 GDP（常住）	元	61.2	69.7	78	84.7	90.4	>130000
	2	第三产业增加值占 GDP 比重	%	72.8	74.7	77	79	83.3	>60
	3	高新技术产业产值占工业总产值比重（规模以上）	%	70.6	78.26	81.74	85.24	88.09	>50
	4	R&D 经费占 GDP 的比重	%	80	83	85.7	88	86.2	>3
	5	每万人口专利受理量（常住）	件	76.8	75.94	84.42	92.88	97.34	>50
二、国民素质	6	万人因特网用户数（常住）	人	45.8	58.6	57.5	60.4	64.4	>4000
	7	平均预期寿命	岁	100①	100①	100①	100①	100①	>78
	8	每万人拥有医生数（常住）	人	71.3	65.3	72.3	77.8	94.34	>26
	9	每万人口在校大学生人数（常住）	人	98.4	98.05	85.125	98.9	99.58	>400
三、生活质量	10	（1）城镇居民人均可支配收入	元	39.7	45.4	51.2	56	61.1	>70000
		（2）农民人均纯收入	元	40.6	47.5	53.6	59.7	63.6	>32000

续表

指标分类	序号	指标名称	单位	2010年指数	2011年指数	2012年指数	2013年指数	2014年指数	基本现代化目标值
三、生活质量	11	(1)恩格尔系数(城市)	%	85	85.7	87.5	88.8	100	<30
		(2)恩格尔系数(农村)	%	84.7	83.8	84	85.2	100	<30
四、社会发展	12	城镇人口比重	%	100	100	100	100	100	>70
	13	第三产业劳动者占社会劳动者比重	%	81.2	85	81.4	82.2	83.6	>50
	14	城镇登记失业率	%	100	100	100	100	100	<3
	15	每万人刑事案件发案率	件	100[1]	100[1]	100[1]	100[1]	100[1]	<75
五、生态发展	16	万元GDP能耗	吨标准煤/万元	58.8[2]	59.5[2]	62.1[2]	64.9[2]	68.5[2]	<0.5
	17	城市绿化覆盖率	%	93.8[2]	93.8[2]	94.7[2]	94.9[2]	95.3[2]	>45
	18	城市污水集中处理率	%	95.3[2]	94.7[2]	96.9[2]	98.9[2]	100[2]	>95

说明：1. 根据《江苏统计年鉴》、《长江和珠江三角洲及港澳台统计年鉴》、苏南五市《国民经济和社会发展统计公报》、无锡市统计局开展的基本实现现代化统计监测报告相关年度数据整理计算。[1]为无锡数据、[2]为苏州数据。

2. 指数是实际指标值相当于基本现代化标准的百分比。第11、14、15、16项为逆指标，指数为基本现代化的标准值除以实际指标值而得。大于100的取值100。

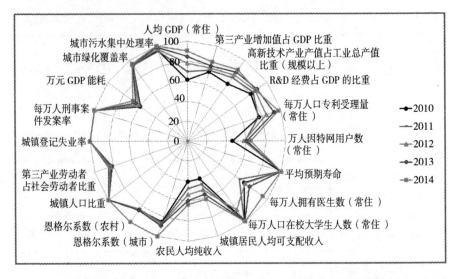

图8—2 苏南基本实现现代化各指标指数（2010—2014年数据）

2. 苏南率先基本实现现代化指标实现程度分析

由以上指标体系及其实现情况反映出，苏南基本实现现代化各方面发展存在一定程度的非均衡性，但总体态势良好。

若给予以上各指标平均权重，并以2013年的数据作为分析依据（因2014年的某些数据有些异常，不适合作为分析根据），则通过计算可以获知，苏南2013年基本实现现代化的总指数值是84.9，即苏南2013年基本实现现代化的程度是84.9%，其中经济发展类的指数值是86，国民素质类的指数值是84.3，生活质量类的指数值是72.4，社会发展类的指数值是95.6，生态发展类的指数值是86.2。

在苏南经济、政治、文化、社会、人、生态六个方面的现代化中，社会发展的现代化较好，社会稳定、治安环境好，失业率较低，城市化程度较高；

生态发展方面的现代化近年也有较快进展，万元GDP能耗呈现逐年下降的趋势，环境污染加剧势头得到遏制，城市绿化覆盖率提高；

在反映人的现代化和文化现代化的生活质量类、国民素质类的现代化指数方面，主要是城乡居民人均收入还离现代化目标值有较大差距，因而生活质量类指数值较低，信息化发展水平、医疗条件两个指标发展还不足，需要继续提高；

经济现代化方面苏南人均 GDP 已超过 100000 元，科技投入和产出已得到较大提升，但产业结构还不理想，第三产业所占比重低于 50%；

政治现代化较难量化，且政治现代化的主体是国家，地区的政治现代化由国家政治决定，因此若定性地分析苏南政治现代化的状况，我国社会主义的国体（人民民主专政）和政体（人民代表大会制）的建立，从本质上保障了广大人民享有广泛的民主权利。我国政治体制的不断改革，苏南在政治制度上的不断创新，进一步促进了社会主义的民主建设，提升了苏南政治文明的水平。因此苏南政治现代化的水平可以说还是较高的。

具体到苏南基本现代化的二级指标来看，这 18 项 20 个指标的实现程度呈强项增幅趋缓、部分弱项快速提升、但产业结构类弱项提升还较慢的特点。

平均预期寿命、城镇人口比重、城市绿化覆盖率等 8 个指标已基本达到目标值，且呈现出增幅趋缓的趋势。

其余的 12 个指标中，有 4 个指标是苏南现代化进程中的主要弱项指标，实现程度尚未达到 70%，分别是农民人均纯收入（实现程度为 59.7%）、城镇居民人均可支配收入（实现程度为 56%）、万元 GDP 能耗（实现程度为 64.9%）、万人因特网用户数（常住）（实现程度为 60.4%）。

而每万人拥有医生数（常住）（实现程度为 77.8%）、第三产业增加值占 GDP 比重（实现程度为 79%）等 2 个指标的实现程度在 77%—79% 之间，还未达到 80%，这 2 个指标也属于苏南现代化进程中实现程度较差的指标。

在这些弱项指标中，有 3 个指标上升较快，2011—2013 年的两年中，城镇居民人均可支配收入增长 23.5%，农民人均纯收入增长 25.6%，每万人拥有医生数（常住）增长 19.3%。

此外每万人口专利受理量（常住）的增长速度也较快，2011 年至 2013 年的两年中，增长了 22.3%。

综上所述，比照苏南基本实现现代化五大类 18 项 20 个指标的指标体系，8 个指标已基本达到目标值，4 个指标与目标值还有较大差距，其余 8 个指标处于中间水平。若按照目前的发展趋势测算，预计至 2020 年，大部分指标都能达到基本现代化目标值，仅有城镇居民人均可支配收入、万人因特网用户数、第三产业增加值占 GDP 比重、第三产业劳动者占社会劳动者比重、万元 GDP 能耗、R&D 经费占 GDP 的比重 6 项指标会略有差距，但通过在现有基础上进一步加大力度是能够达到目标的。

三 苏南率先基本实现现代化的基础条件

苏南是近代中国开启现代化的发轫地，是中国一百多年来探索现代化的先行区。作为中国现代化运动的开端的洋务运动中，具有近代意义的兵工企业如金陵机器制造局、苏州洋炮局等相继设立，在 1911—1949 年资产阶级领导的资本主义现代化的进程中，苏南的民族工业得到发展，成为我国民族工业的发祥地之一。改革开放后，乡镇企业异军突起，形成了全国闻名的苏南模式，苏南现代化进程得到快速推进，在当前江苏"两个率先"的总体目标中，苏南又展开了"苏南现代化示范区"建设，在科技创新和科技社会的发展中，在经济现代化、文化现代化、政治现代化、社会现代化、生态现代化、人的现代化等多个领域取得了一系列的成绩，为全省乃至全国的现代化建设起到了引领示范作用。

1. 科技创新驱动力增强，苏南经济转型升级保持快速发展

苏南高端创新资源大量集聚。苏南 5 市均为国家创新型试点城市，苏南整体研发投入水平较高，2014 年，研发投入占 GDP 比例达 2.7%，接近发达国家和地区水平（美国 2010 年的 R&D 为 2.8）。苏南以实体经济为主，把科技创新和创业作为加快转变经济发展方式的第一驱动力，先进制造业和现代服务业双轮驱动，民营经济、外向型经济、国有经济三足鼎立齐头并进；创新型企业集群不断壮大。苏南目前拥有超过 5 万家科技型企业，其中销售额超千亿元的 4 家，超百亿元的 96 家，国家创新型企业 21 家，上市科技企业 293 家，高新技术企业达 5808 家，规模以上工业企业建有研发机构达 1 万家，企业研发机构建有率超过 85%。常州天合光能有限公司成为全国创新能力最强的光伏行业领军企业，沙钢集团成为我国进入世界 500 强最大的科技型民营钢铁企业。以长电、法尔胜等骨干企业牵头组建的国家和省产业技术创新战略联盟达 45 个，形成了以市场为

基础、企业为主导的产学研合作长效机制。苏南企业发明专利年申请量超过 7 万件,近三年累计落实科技税收减免额超过 550 亿元,创新活力竞相迸发。科技型企业发展迅速,各种产业园、科技园、设计园、创业园等园区载体建设强劲,物联网、动漫、新能源、新材料、节能环保、微电子、生物技术、软件、服务外包等新兴产业和高新技术产业迅猛发展;高新技术产业国际竞争力显著提升。

　　苏南对外开放高度活跃,充分利用国际国内两个市场、两种资源,优化发展环境,促进创新要素的加速集聚。世界 500 强跨国企业有 392 家在苏投资,其中大部分集中在苏南地区。苏南地区共建有省级外资研发机构 564 家,占全省的 91.6%。苏州工业园区与以色列英飞尼迪资金管理集团合作正式成立"中以智库"苏州有限公司,成为国内引进的首家全新模式的"知识产权银行"。中丹合作南京高新生态生命科学园、新加坡国立大学苏州研究院、苏州"中芬纳米创新中心"、无锡"中美科技创新园"、麻省理工学院(MIT)国际技术转移中心、牛津大学(常州)国际技术转移中心等一批国际科技合作载体相继建成,促进了全球科技资源与苏南创新需求的有效对接。[①]

　　统计资料显示,苏南经济综合实力雄厚。2014 年,苏南实现地区生产总值 38940 亿元,以占全国 0.29% 的土地面积创造了全国 6.1% 的经济总量,人均地区生产总值超过 1.9 万美元,是全国平均水平的 2.5 倍,已接近韩国的 20504 美元(2010 年)。县域经济全国最强,昆山、江阴、张家港、常熟基本包揽全国例年百强前四强,其他县(市)大部进入百强;中心城市带动地位凸显,南京、苏州、无锡、常州、镇江在全国城市综合实力评比中跻身前列。[②] 近年来产业结构得到较快调整,产业结构持续优化,第三产业占 GDP 比重持续上升,2014 年达 48.9%,已接近 50%。三次产业比例调整为 2.3∶48.8∶48.9,初步构建了竞争力较强的现代产业体系。苏南近年来科技创新与经济发展的有关指标情况见表 8—3。

---

　　① 科技部:《苏南国家自主创新示范区发展规划纲要(2015—2020 年)》,2015 年 8 月。

　　② 刘福林、吴权:《苏南基本实现现代化的基础和追求目标》,《江苏基本实现现代化理论研讨会论文集》,中共江苏省委研究室,2012 年 7 月。

表 8—3   苏南科技创新与经济发展有关指标数值（2007—2013 年数据）

指标名称	单位	2007年数值	2008年数值	2009年数值	2010年数值	2011年数值	2012年数值	2013年数值
人均 GDP（常住）	美元	7230	8960	10188	13250	14590	16321	17718
第三产业增加值占 GDP 比重	%	39.2	40.4	42.1	43.7	44.8	46.2	47.4
高新技术产业产值占工业总产值比重（规模以上）	%	30.5	31.5	33.5	35.3	39.13	40.87	42.62
R&D 经费占 GDP 的比重	%	1.95	2.22	2.36	2.4	2.49	2.57	2.64
每万人口专利受理量（常住）	件	19.2	37.9	38.9	38.4	37.97	42.21	46.44

说明：根据《江苏统计年鉴》、《江苏省国民经济和社会发展统计公报》、《江苏科技统计公报》相关年度数据整理计算。

2. 城乡一体化进程加快，社会发展水平高

苏南地区城镇体系健全、功能逐步完善，统筹城乡发展步伐加快，古镇、古村保护和农民集中居住区建设同步推进，华西村、蒋巷村、永联村等一批社会主义新农村建设样本纷呈，城乡基础设施等加快对接，促进了城乡发展均衡度的提高。2013 年，苏南城乡居民收入分别为 39224 元和19107 元，均高于全省平均水平，其 2013 年城乡居民收入比为 2.05∶1（见表 8—4），低于全省更低于全国的水平，其中，苏州、无锡两市这一比例更是达到了 2 以下。

苏南社会结构不断变革和进步，社会保持较强创造活力。苏南城市化水平和非农就业人口比重较高，城镇化率超过 70%，发展阶段已进入工业社会后期，社会内部对创业创新创优的激励机制较足，不同社会成员之间的流动性较强，社会普通成员创业发展的渠道基本畅通、成功机会较多，国际、国内交流频繁，对新观念、新事物、新模式的吸纳、模仿以及再创新力较强，社会现代化水平较高。

表 8—4　　苏南城乡一体化发展有关指标数值（2007—2013 年数据）

指标名称	单位	2007年	2008年	2009年	2010年	2011年	2012年	2013年
城镇居民人均可支配收入	元	20077	22756	24995	27780		35827	
农民人均纯收入	元	9293	10458	11517	12978	15213		
城乡居民收入比	倍	2.16	2.18	2.17	2.14	2.09	2.09	2.05
城镇人口比重	%	67.5	67.7	67.9	70.8	71.9	72.7	73.7
城镇登记失业率	%	3.06	2.93	2.69	2.58	2.65	2.53	2.13
每万人刑事案件发案率	件	73.6	71.9[①]	69.9[①]	68.142	69.86[①]	66.37[①]	62.87[①]

说明：根据《江苏统计年鉴》、《江苏省国民经济和社会发展统计公报》、《江苏科技统计公报》、江苏省住房和城市建设厅、江苏省科学技术厅相关年度数据整理计算。①为无锡数据。

3. 文化教育事业基础扎实、繁荣发展，科技人才荟萃

苏南历史文化传统深厚，区内文物古迹遍布，高校和科研院所的数量、高等教育入学率、两院院士数、科技型领军人才等在全国名列前茅。苏南地区目前拥有高等院校107所、科研机构330多家、国家级大学科技园12个、国家重点实验室和工程技术中心55个、国家"2011协同创新中心"5个，科技人员总数达810万人，在校大学生超过130万人，高等教育入学率2012年为59%（见表8—5），接近日本和英国的水平，近三年苏南共引进高层次人才6万多名、创新创业团队1500多个，国家"千人计划"人才累计达442人，其中创业类189人，占全国27%以上。南京"321人才计划"、无锡"东方硅谷人才计划"、苏州"姑苏人才计划"等都是享誉海内外的引才品牌。[①] 受国家表彰的23位"两弹一星"功勋奖章获得者江苏与浙江同列首位，而江苏6位均为苏南籍，王淦昌、杨嘉墀、王大珩等元勋还直接催生了国家高科技"863"计划和"973"计划的诞生。获国家最高科学技术奖的"当代毕

① 科技部：《苏南国家自主创新示范区发展规划纲要（2015—2020年）》，2015年8月。

升" 王选、"巨型计算机之父" 金怡濂、建筑大师吴良镛均为当代苏南
杰出科技工作者的代表。[①]

科技人才在苏南改革开放近 40 年来的发展过程中起到了重要作用，
大大加快了现代化进程。在苏南的发展经历了三个阶段，第一阶段是 20
世纪 80 年代乡镇企业异军突起，大批的城市国有和集体企事业单位的科
技人员被聘为乡镇企业的技术顾问，利用星期日休息时间去乡镇企业作技
术指导，这些科技人员作为"星期日工程师"在乡镇企业的发展中作出
了重要贡献。第二个阶段以 90 年代外向型经济的构建为动力，实现了向
开放型经济的转型。在发展外向型经济过程中，苏南科技人员通过对国外
先进科学技术的引进消化和吸收，在技术上保障了经济的正常运行。目前
苏南地区进入了工业化后期，正处在向创新型经济转型的关键时期，这一
阶段对创新型科技人才的需求更迫切，要求更高。

表 8—5 　　　　　　　 2012 年苏南高等教育发展有关指标比较数据

指标名称	单位	苏南	江苏	中国	美国	日本	英国	韩国
高等教育入学率 大学普及率	%	59[①]	47	27	94	61	62	98

资料来源：根据《中国现代化报告 2014》、《中国统计年鉴》、《江苏统计年鉴》、
中华人民共和国国家统计局相关年度数据整理计算。①为常州数据。

4. 环境状况持续向好转变，"环保优先" 得到加强

从 2007 年至 2013 年，苏南万元 GDP 能耗从 0.99 吨标准煤降至 0.77
吨标准煤，城市污水集中处理率由 74.4% 上升到 94%，环境状况持续好
转（见表 8—6）。苏南有 46 个乡镇获"全国环境优美乡镇"称号，全省
12 个国家生态市（县、区）中苏南占 11 个，全省 20 个国家环保模范城
市中苏南占 14 个，苏南基本形成全国最大的"环保模范城市群"和"生
态城市群"。[②]

---

① 刘福林、吴权：《苏南基本实现现代化的基础和追求目标》，《江苏基本实现现代化理
论研讨会论文集》，中共江苏省委研究室，2012 年 7 月。

② 同上。

如无锡市以 2007 年 6 月"太湖蓝藻事件"为转折，各阶层逐渐形成了"保护环境，人人有责"的共识，也充分认识到了环境保护与经济发展不是此消彼长的相互制约关系。积极构建体现循环经济理念的生态经济体系。通过将科技创新成果转化运用于水利治理，率先开展水利物联网系统工程建设，推广物联网、淤泥固化等新技术，既提高了水文监测的管理水平，又加强了蓝藻治理的管理效能，使太湖无锡水域水质指标日趋改善。

表 8—6　　　　苏南环境状况有关指标数值（2007—2013 年数据）

指标名称	单位	2007 年	2008 年	2009 年	2010 年	2011 年	2012 年	2013 年
万元 GDP 能耗	吨标准煤/万元	0.99	0.938	0.888	0.85	0.84[2]	0.805[2]	0.77[2]
城市绿化覆盖率	%	42.2	43	43.2	42.2[2]	42.2[2]	42.6[2]	42.9[2]
城市污水集中处理率	%	74.4	80	89.8	90.5[2]	90[2]	92.1[2]	94[2]

资料来源：根据《江苏统计年鉴》、苏南五市《国民经济和社会发展统计公报》相关年度数据整理计算。②为苏州数据。

第九章 苏南现代化系统的主要
问题及其原因分析

苏南率先基本实现现代化是一项系统工程，这一系统是由经济、政治、文化、社会、人、生态等六大要素（子系统）构成，根据系统理论，影响系统的功能和水平的是该系统的结构、要素以及所处的环境，其中结构对系统功能的作用最大，结构决定功能，要素对系统功能的作用也很重要，环境的好坏则会影响系统功能的发挥。苏南现代化系统的结构、要素乃至环境还都存在一定的问题，制约了苏南现代化水平的进一步提升。

一 苏南现代化系统的结构及环境问题

1. 苏南现代化系统的结构问题

苏南现代化的主要问题是结构问题，其结构具有不均衡性，表现在两个层次上：

一是苏南现代化系统的六大要素之间的发展不平衡性，如前面所述，社会发展水平较高，但人的现代化、文化现代化实现程度还较低，发展的短板制约了苏南现代化的进程，阻碍了苏南现代化水平的进一步提高，苏南现代化问题的实质是需要尽快从第一次现代化转向第二次现代化，即转向以知识化、创新驱动、精神追求、人的幸福追求等为特征的第二次现代化，要高度重视人的现代化和文化现代化，现代化的最终要求是人的现代化，要改变人的素质，实现传统人向现代人的飞跃，实现人的思想价值观念、情感心理和行为方式的现代化。

二是体现在作为子系统的六大要素内部结构上的发展不平衡性，其中最突出的是经济的结构问题。产业结构转型滞后是苏南基本实现现代化的主要问题，一个地区或一个国家的经济发展是由多个阶段构成的，从经济发展的驱动因素看，会依次经历要素驱动、投资驱动、创新驱动和富裕驱动四个阶段，从产业结构的发展过程看，则呈现从第一产业为主依次向第二产业、第三产业为主的方向转变，最终进入第三产业为主导的"高服务化"阶段。从生产要素的发展过程看，则呈现出从劳动密集、资本密集向技术密集、知识密集的发展变化态势。

　　目前国际上主要发达国家的第三产业占GDP比重已接近或超过70%，上海2013年为64.8%，而苏南第三产业占GDP比重2013年才47.4%，2014年为50.0%（见表9—1、表9—2），差距极大，苏南现代先进制造业比重也偏低，第二产业中冶金机械、化工、纺织等传统制造业比重仍较大，产业结构偏重，制造业尚处在低端环节。2013年，苏南高新技术产业产值占规模以上工业总产值比重仅为42.62%。外向型经济表面上很多是高新技术产业，但实质上转移过来的是高端产业中的低端制造环节或工序，是劳动密集型的，以制造工厂为主，特征是"两头在外"，主要是从事处于微笑曲线中间的加工生产，利润空间很低。以低端产品生产为主的偏低偏重的产业结构还导致了相应的低层次的人力资源结构，大量低素质的劳动密集型员工降低了苏南人力资源的整体水平和层次。与此同时，苏南的城市化进程目前正处于从中级向高级转变的关键阶段，2013年苏南城镇人口比重为73.7%，已高于世界平均城市化水平（60%左右），但低于发达国家城市化水平（75%以上），苏南城市化进入"质"的提高阶段，第三产业发展滞后也是进一步提升苏南城市化的"质"的主要障碍。

　　苏南的经济总量大，2013年苏南五市以3.64万亿元的地区生产总值占到全省的61%，但产业结构偏低偏重。一是产业结构仍不够合理，2013年三次产业结构比重为2.3∶50.3∶47.4，第三产业与第二产业比重基本相等，在第三产业中现代服务业比重偏低，工业整体集中度不高，继而带来低水平重复浪费和不合理竞争，地区资源的优化配置难成现实。二是内、外源经济比例结构上，外资依赖性过大，与强大的外资经济相比，内源经济显得势单力薄。外资企业还压抑了本土企业的发展，本土企业难以长大，长期被边缘化，创不出自主品牌，提不高创新能力。外向型经济随着苏南人力资本的上升和可用土地资源的日益稀缺，发展遇到了瓶颈。三是产业结构单一，外资在苏南的投入，主要集中在纺织服装、化工、轻工、造纸、IT 等产业，这必然导致对主导产业的依赖，抗波动能力非常脆弱。

表 9—1　　　　　　　　苏南 2005—2009 年经济发展数据

	2005 年	2006 年	2007 年	2008 年	2009 年
人均 GDP（元）	50508	48559	54952	61823	69278
地区 GDP 总量（亿元）	11417.34	13485.61	15931.09	18506.16	21154.19
第三产业增加值占 GDP 比重（%）	36.8	37.9	39.2	40.4	42.1

注：由《江苏统计年鉴》相关年度数据整理获得。

表 9—2　　　　　　　　苏南 2010—2014 年经济发展数据

	2010 年	2011 年	2012 年	2013 年	2014 年
人均 GDP（元）	79501	90622	101370	110051	117477
地区 GDP 总量（亿元）	25185.39	29635.09	33381.66	36385.87	38941.26
第三产业增加值占 GDP 比重（%）	43.7	44.8	46.2	47.4	50.0

注：由《江苏统计年鉴》相关年度数据整理获得。

2. 苏南现代化系统的环境问题

系统功能的发挥要受环境的影响，苏南现代化作为地区现代化，是处在国家现代化的环境之中的，也是属于世界现代化进程的一个组成部分，必然受到国家现代化和世界现代化的影响，没有国家整体的现代化，就不会有全面的地区现代化。苏南地区要率先基本实现现代化，还有赖于我国整体现代化水平的不断提高，不能脱离国际国内环境来单独提升苏南地区的现代化水平，苏南地区的现代化的水平受我国整体现代化的影响及世界现代化的影响。

苏南现代化处在国家现代化的环境之中，必然与其他地区之间存在着相互竞争、相互依存。周围现代化水平比较高的地区，如上海，可以将现代化成果辐射和扩散到现代化水平相对比较低的苏南地区；同样的，现代化水平比苏南高的地区，也可以从苏南吸取现代化建设的重要资源（包括人力资本、金融资本和物质资源），还可能向苏南地区转嫁现代化的一些负面因素（如污染产业等），从而导致地区差距扩大。目前苏南地区在与周边地区的竞争中，存在着一些相对劣势，如在对人才尤其是高层次人才的吸引力上，竞争不过上海；在劳动用工成本上，已比不过苏北、安徽、河南等地；在经济增长和国际贸易上，又受到国际社会低碳化要求的约束和绿色壁垒的制约。这些制约因素存在于苏南现代化的国内环境和国际环境之中，影响了苏南现代化系统的功能和水平。

二　苏南现代化系统的主要制约要素

1. 资源环境的制约

苏南改革开放以来快速发展，经济增长方式长期以来比较粗放，是以高资源消耗、高环境污染、高能源消耗为代价，单位产量的能源、水和矿产消耗大大高于国际水平，与此同时苏南生态环境承载能力十分薄弱，能源资源严重对外依赖，资源环境约束性强，脆弱的环境容量难以承载过于密集的产业，导致经济发展与资源环境的矛盾十分尖锐。

苏南万元 GDP 能耗从 2007—2013 年，虽然由 0.99 吨标准煤降至了 0.77 吨标准煤，而且，苏南单位国内生产总值能耗虽然在 2010—2013 年以年均 3.4% 的速度不断下降，但能源总消耗和碳排放总量上升较快，2010—2013 年，能源总消耗和二氧化碳排放总量平均年增长率达 19.18%，远超过单位国内生产总值能耗的下降量（见表 9—3、表 9—4）。全社会能源消耗和二氧化碳排放的产业或行业分布为工业、交通、建筑、城镇生活消费、电厂消耗和农林牧渔业，其中工业和电厂消耗较高，苏南的碳排放以工业碳排放为主，工业碳排放中又以重化工业为主。

根据无锡市低碳研究中心的调研结果，2008 年无锡市的总能耗是 3509.81 万吨标准煤，总二氧化碳排放是 9420.33 万吨，其中主要是工业和电厂消耗占绝大部分，工业占 52.73%，电厂消耗占 41.64%，两者合计占了 94.37%。而在工业行业的能源消费和碳排放情况中，重点碳排放行业主要集中在电力热力的生产和供应业、黑色金属冶炼及压延加工业、化学原料及化学制品制造业、纺织业、非金属矿物制品业等五大行业。这五大行业碳排放量占工业碳排总量的 82%。

2013 年，苏南以占全国 2.43% 的人口和 0.29% 的国土面积创造了 6.4% 的 GDP，但同时承受着 5.01% 的二氧化碳排放，这对苏南的可持续发展十分不利，若以包含生态财富的新财富观衡量、以扣除了环境破坏及其治理的绿色 GDP 衡量，苏南现在的 GDP 就会大打折扣。

表 9—3　　　　苏南 2005—2009 年的能源消耗和二氧化碳排放情况

指标	2005 年	2006 年	2007 年	2008 年	2009 年
万元 GDP 能耗（吨标煤/万元）	1.080	1.041	0.997	0.938	0.888
总能耗（万吨标准煤）	12330.70	14042.37	15884.23	17365.26	18785.43
总二氧化碳排放量（万吨）	33095.60	37689.72	42633.27	46608.36	50420.09

资料来源：根据《江苏统计年鉴》、苏南五市《国民经济和社会发展统计公报》相关年度数据整理计算。

表 9—4　　　　苏南 2010—2014 年的能源消耗和二氧化碳排放情况

指标	2010 年	2011 年	2012 年	2013 年	2014 年
万元 GDP 能耗（吨标煤/万元）	0.85	0.84[②]	0.805[②]	0.77[②]	0.73[②]
总能耗（万吨标准煤）	21407.58	24893.48	26872.24	28017.12	28427.12
总二氧化碳排放量（万吨）	57457.94	66814.1	72125.09	75197.95	76298.39

资料来源：根据《江苏统计年鉴》、苏南五市《国民经济和社会发展统计公报》相关年度数据整理计算。②为苏州数据。

苏南本来就人多地少，人口密度为全国最高地区之一，土地资源稀缺，长期的经济高速增长对其资源环境造成了巨大的压力。苏南的能源供给结构与全国一样，以煤为主，属高碳能源结构。近年来，虽然单位 GDP 能耗不断下降，但还是处于较高水平，其下降量抵不过总能耗的快速上升量，资源环境的硬约束成为苏南经济发展瓶颈。苏南全社会能源消耗由 2010 年的 21407.58 万吨标准煤上升到 2014 年的 28427.12 万吨标准煤，二氧化碳排放量则从 2010 年的 57457.94 万吨上升到 2014 年的

76298.39 万吨，从 2010—2014 年，二氧化碳排放量平均年增长率达 8.2%。

随着工业化的进程和经济的高速发展，苏南的环境质量恶化问题日益严重，主要污染物排放强度大、总量大，超过环境自净能力；水和大气环境受到不同程度污染。苏南的土地资源越来越紧缺，绝大部分地区已经到了无地可批、有地难用的阶段，目前可挖潜的空间越来越有限。资源环境的硬约束成为苏南经济发展瓶颈。无锡 2007 年太湖蓝藻暴发事件说明苏南环境资源承载力已到极限，转变经济发展方式是唯一出路。

表 9—5　　　　　　　　　　2010 年苏南人口环境状况

城市 指标	苏州	无锡	常州	南京	镇江
居住人口规模（万人）	1046.85	637.56	459.33	800.76	311.45
城区绿化覆盖率	42.7%	42.6%	42.2%	44.4%	42.1%
林木覆盖率	17.01%	24.71%	22.54%	26.42%	22.55%
饮用水源水质达标率	100%	100%	100%	100%	100%
城镇生活污水集中处理率	85.23%	95%	90.5%	88.82%	86.1%
工业固体废物综合利用率	98.68%	97.1%	94.9%	88.82%	92.9%

资料来源：根据苏南五市《统计年鉴》相关年度数据整理所得。

表 9—6　　　　　　　　　　2011 年苏南人口环境状况

城市 指标	苏州	无锡	常州	南京	镇江
居住人口规模（万人）	1051.87	643.22	464.97	810.91	313.43
城区绿化覆盖率	42.9%	42.6%	42.2%	44.4%	41.2%
林木覆盖率	17.57%	25.07%	23.23%	27.32%	23.88%
饮用水源水质达标率	100%	100%	100%	100%	100%
城镇生活污水集中处理率	80.48%	95.13%	91.6%	95.16%	84.8%
固体废物综合利用率	97.92%	91.2%	97.97%	84.53%	98.0%

资料来源：根据苏南五市《统计年鉴》相关年度数据整理所得。

表 9—7　　　　　　　　　**2012 年苏南人口环境状况**

指标＼城市	苏州	无锡	常州	南京	镇江
居住人口规模（万人）	1054.91	646.55	468.68	816.10	315.48
城区绿化覆盖率	42.4%	42.7%	42.2%	44.0%	42.3%
林木覆盖率	—	—	—	27.26%	—
饮用水源水质达标率	100%	100%	100%	100%	100%
城镇生活污水集中处理率	95%	—	—	—	—
工业固体废物综合利用率	98.42%	90.8%	97.8%	69.56%	97.4%

资料来源：根据苏南五市《统计年鉴》相关年度数据整理所得。

表 9—8　　　　　　　　　**2013 年苏南人口环境状况**

指标＼城市	苏州	无锡	常州	南京	镇江
居住人口规模（万人）	1057.87	648.41	469.21	818.78	316.54
城区绿化覆盖率	42.5%	42.8%	42.9%	44.1%	42.4%
林木覆盖率	20.36%	26.18%	24.46%	28.77%	26.47%
饮用水源水质达标率	100%	100%	100%	100%	100%
城镇生活污水集中处理率	94.4%	—	97%	94.22%	92.6%
工业固体废物综合利用率	97.95%	81.8%	98.2%	90.41%	97.3%

资料来源：根据苏南五市《统计年鉴》相关年度数据整理所得。

由以上 4 个表格可以看出：在居住人口规模方面，苏南五市居住人口规模在 2010—2013 年度总体上呈现扩大的趋势，尽管幅度不大，其中苏州成为五市中居住人口规模最大的城市；苏南各市在城区绿化覆盖率方面也呈现出稳步扩大的态势，从某种程度上可以说是缓慢推进，时而停滞，时而小幅度扩大，并且始终未突破 50%，但总体上是往良好的方向发展。林木覆盖率总体上呈增长趋势，各地增长幅度不一，例如苏州从 2010—2013 年度的林木覆盖率增加了 3.35%，这种变化情况在五市之间比较明显；在饮用水源水质达标率方面，可以看到，苏南五市都作出了相应的努力，从 2010—2013 年，苏南五市的饮用水源水质达标率全都达到了 100%，常州、镇江、南京三市的饮用水源水质达标率比苏州和无锡更早地达到了 100%，2008 年除苏州外，其余四市饮用水源水质全部 100% 达标，而到 2009 年，苏南五市的饮用水源水质达标率均达到了 100%；苏南五市城镇生活污水集中处理率不断提高，趋势良好，目前苏南五市的城镇生活污水集中处理率均已达到 90% 以上；在工业固体废物综合利用率方面，从 2010 到 2013 年度，苏南五市在工业固体废物综合利用率方面有增有减，苏州、常州和镇江在 2010—2013 年度保持较高的工业固体废物综合利用率，无锡、南京在五市中工业固体废物综合利用率相对较低。

2. 居民收入水平的制约

苏南地区居民收入的增长长期滞后于人均 GDP 的增长，与此同时由恩格尔系数反映的居民生活水平提升缓慢（见表 9—9），从 2007 年到 2013 年，6 年间恩格尔系数仅降低了 3（城市）个百分点和 2（农村）个百分点。但 2014 年，恩格尔系数的下降量很大，比 2013 年降低了 6.5（城市）个百分点和 6（农村）个百分点（见图 9—1）。

表 9—9　　　　　　苏南 2007—2014 年恩格尔系数

指　标	2007 年	2008 年	2009 年	2010 年	2011 年	2012 年	2013 年	2014 年
恩格尔系数（城市）	36.8	36.5	35.6	35.5	35	34.3	33.8	27.3
恩格尔系数（农村）	37.3	36.8	35.5	35.4	35.8	35.7	35.2	29.1

资料来源：根据《江苏统计年鉴》相关年度数据整理。

此外，苏南城乡居民收入比扩大的趋势已得到遏制，从 2002 年到 2008 年，城乡居民收入比由 1.8∶1 扩大到 2.18∶1（见表 9—10）。但在接下来的 2008 年到 2014 年间，城乡居民收入比则由 2.18∶1 缩小到 2.04∶1（见表 9—11），说明城乡居民的收入正在逐步接近（见图 9—4）。但数据显示，在居民收入水平整体显著提高的同时，苏南农民人均纯收入仍明显低于城镇居民人均可支配收入。

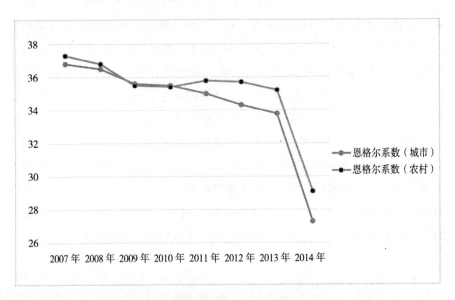

图 9—1 苏南 2007—2014 年恩格尔系数

表 9—10   苏南近年来经济发展和城乡居民收入情况（2002—2009 年）

指　标	2002 年	2005 年	2006 年	2007 年	2008 年	2009 年
人均 GDP（元）	28594	50508	48559	54952	61823	69278
城镇居民人均可支配收入（元）	9555	15083	17391	20077	22756	24995
农民人均纯收入（元）	5301	7336	8221	9293	10458	11517
城乡居民收入比	1.8 : 1	2.05 : 1	2.11 : 1	2.16 : 1	2.18 : 1	2.17 : 1

资料来源：根据《江苏统计年鉴》相关年度数据整理计算。

表 9—11   苏南近年来经济发展和城乡居民收入情况（2010—2014 年）

指　标	2010 年	2011 年	2012 年	2013 年	2014 年
人均 GDP（元）	79501	90622	101370	110051	115480
城镇居民人均可支配收入（元）	27780	31762	35827	39224	41242
农民人均纯收入（元）	12978	15213	17160	19107	20251
城乡居民收入比	2.14 : 1	2.09 : 1	2.09 : 1	2.05 : 1	2.04 : 1

资料来源：根据《江苏统计年鉴》相关年度数据整理计算。

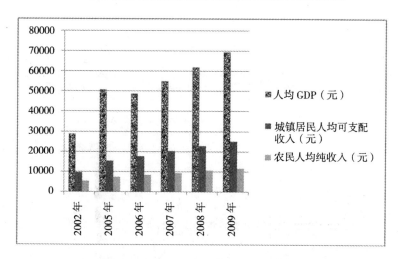

图 9—2　苏南近年来经济发展和城乡居民收入情况（2002—2009 年）

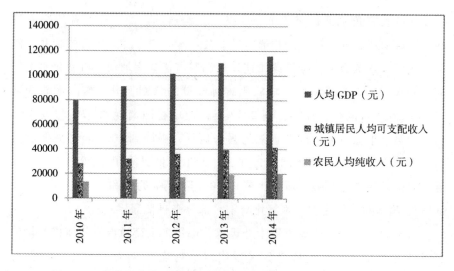

图 9—3　苏南近年来经济发展和城乡居民收入情况（2010—2014 年）

　　苏南城乡居民收入近年呈现加速增长的态势，苏南地区人均 GDP 的增长长期高于居民收入的增长水平，这一差距近几年有所好转，但苏南经济发展与富民优先的矛盾仍需进一步解决。

3. 苏南低碳交通问题的制约

　　低碳城市建设包括低碳产业、低碳建筑、低碳交通、低碳能源、低碳生活等建设，低碳交通是其中一个极其重要的方面。江苏苏南处于我国经

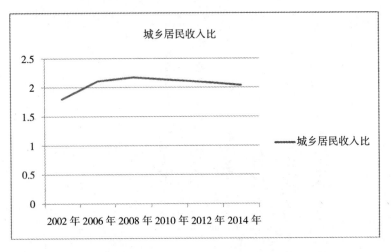

图9—4　苏南近年来城乡居民收入比的演变（2002—2014年）

济发达的长三角地区，交通十分便捷，是沟通苏、浙、皖三省的交通枢纽。区域内江、河、湖、海相通，铁、公、水、空多种运输方式配套。然而，近年来随着经济社会持续快速发展和城市化速度加快、机动化水平提高，带来了交通能源消耗和二氧化碳排放量的急剧上升。据国际能源署（IEA）2008年的报告预测，到2030年，全球石油消耗的57%将发生在交通领域。根据研究机构麦肯锡的报告显示，中国到2030年将需要进口62亿桶石油解决汽车燃油问题，并因此产生占世界乘用车20%的二氧化碳排放。环保专家介绍，城市大气中90%至95%的铅和一氧化碳，以及60%至70%的氮氧化物、氮氢化合物大部分来自交通尾气。

近年来，苏南的交通发展十分迅速，也带来了交通温室气体排放量的持续上升，交通温室气体排放呈现出以下特点（下面以无锡市为例说明）：

（1）车辆保有量大

从无锡市交通的运输方式分析，四种运输方式中主要以公路运输方式为主，无论是客运还是货运，公路运输都占有绝对多数（见表9—12、表9—13），所以交通能耗和温室气体排放以机动车为主。无锡市2010年拥有机动车1145380辆，2013年为1452029辆，增加了30.67万辆，但其中汽车的拥有量却从2010年的734782辆上升为2013年的1138630辆，增加了40.39万辆。

近年来，无锡市汽车的拥有量迅速上升，从 2000 年的 89117 辆上升为 2013 年的 113.86 万辆，13 年增加了 104.96 万辆，平均每年增加 8.07 万辆。在 2013 年的 113.86 万辆汽车中，无锡市区有汽车 66.82 万辆，占了 58.7%，若以此推算，无锡市区近年来平均每年要增加汽车约 4.74 万辆，以每辆车年均耗油 2 吨、年均二氧化碳排量 6.2 吨计，无锡市区每年新增的汽车要耗油 9.48 万吨，排出二氧化碳 29.39 万吨。车辆总量的增加和机动车结构的变化从总体上增加了无锡市的交通能耗和交通二氧化碳排放量。

表 9—12　　　　2005—2009 年无锡市交通运输方式情况

类　别	2005 年	2006 年	2007 年	2008 年	2009 年
铁路客运量（万人）	1032	1069	1026	1118	1119
公路客运量（万人）	19372	21315	22258	23046	24617
航空客运量（万人）	62	47.2	70	84	111
铁、公、空三种运输方式的客运比重（%）	5.04：94.66：0.30	4.77：95.02：0.21	4.40：95.31：0.30	4.61：95.04：0.35	4.31：95.24：0.43
铁路货运量（万吨）	195	216	215	209	192
公路货运量（万吨）	7008	8845	9184	9930	10664
水路货运量（万吨）	1216	1268	1369	1334	1319
航空货运量（万吨）	1	1	1	2	3
铁、公、水、空四种运输方式货运比重（%）	2.32：83.23：14.44：0.01	2.09：85.62：12.27：0.01	2.00：85.28：12.71：0.01	1.82：86.54：11.63：0.02	1.58：87.57：10.83：0.03

资料来源：《无锡统计年鉴》（2006—2010 年）。

表 9—13　　　　2010—2013 年无锡市交通运输方式情况

类　别	2010 年	2011 年	2012 年	2013 年
铁路客运量（万人）	1200	1293	1424	1632
公路客运量（万人）	26005	29203	31408	23701
航空客运量（万人）	125	147	164	183

类　别	2010 年	2011 年	2012 年	2013 年
铁、公、空三种运输方式的客运比重(%)	4.39∶95.15∶0.46	4.22∶95.30∶0.48	4.32∶95.19∶0.50	6.40∶92.89∶0.72
铁路货运量（万吨）	152	148	136	113
公路货运量（万吨）	11934	13737	16330	16871
水路货运量（万吨）	1287	1499	1797	1409
航空货运量（万吨）	3	3	4	5
铁、公、水、空四种运输方式货运比重(%)	1.14∶89.22∶9.62∶0.02	0.96∶89.28∶9.74∶0.02	0.74∶89.40∶9.84∶0.02	0.61∶91.70∶7.66∶0.03

资料来源:《无锡统计年鉴》(2011—2014 年)。

（2）机动车在总量上增加不多，但在结构上变化较大

近年来，无锡市机动车的实有数虽然在总量上增加不多，2013 年比 2005 年仅增加了 478663 辆，由 973366 辆增加到 1452029 辆，但在结构上变化较大，各种车辆中汽车由 2005 年的 290254 辆增加到 2013 年的 1138630 辆，8 年增加了近 3 倍，其中私人汽车从 2005 年的 152030 辆增加到 2013 年的 883468 辆，8 年增加了近 5 倍，而摩托车则从 2005 年的 679422 辆降至 2013 年的 313002 辆（如表 9—14、表 9—15 所示）。

表 9—14　　　　无锡市全社会民用机动车实有数（2005—2009 年）　　（单位：辆）

年份	车辆数	汽车	其中私人汽车	摩托车	拖拉机	简易机动车
2005	973366	290254	152030	679422	23214	3690
2006	1056864	357276	197164	696365	21208	3223
2007	1103586	432284	256730	668662	20985	2640
2008	998224	499394	317862	497710	20985	1120
2009	1118252	600702	401395	516414	9446	1136

资料来源:《无锡统计年鉴》(2006—2010 年)。

表 9—15　　　无锡市全社会民用机动车实有数（2010—2013 年）　　（单位：辆）

年份	车辆数	汽车	其中私人汽车	摩托车	拖拉机	简易机动车
2010	1145380	734782	512116	409548	9193	1050
2011	1278551	874241	628079	403621	8785	689
2012	1370817	1013692	753215	356610	8720	515
2013	1452029	1138630	883468	313002	8394	397

资料来源：《无锡统计年鉴》（2011—2014 年）。

（3）私家车购买势头强劲

无锡市近年来汽车的拥有量迅速上升的原因主要是私人汽车的旺盛的购买力，2013 年 1138630 辆汽车中，883468 辆是私人汽车，仅从 2010 年到 2013 年，无锡市私人汽车就增加了 37.14 万辆，平均每年增加 12.38 万辆，可见，无锡市每年的汽车增量实质是私人汽车的增量。无锡市作为我国东部经济发达地区的一个城市，经济总量大，发展速度快，已进入工业化后期阶段，2013 年人均 GDP 已达 124640 元，城镇居民人均可支配收入 38999 元，农民人均纯收入 20587 元，这一时期正是私人汽车迅猛发展的时期，无锡市目前人均汽车拥有量是 17.6%，离世界平均水平还有距离，但是若按现在的这个速度发展，人均汽车拥有量将迅速上升，加上无锡市的人口密度很高，每平方公里已超过 1000 人，是江苏省人口密度最高的城市之一，也是全国人口密度最高的城市之一，土地资源、环境容量已不堪重负。

三　苏南科技社会发展的不成熟性

1. 科技体制的不成熟性：企业自主创新能力需进一步提高

我国科技体制改革长期以来的主要任务是加强科技与经济的结合，解决科技与经济"两张皮"的现象，因此，我国企业的自主创新能力集中体现了科技体制的发展状况。

苏南企业的自主创新能力具有一定的基础和优势。苏南创新型企业集群不断壮大，目前拥有超过 5 万家科技型企业，其中销售额超千亿元的 4 家，超百亿元的 96 家，国家创新型企业 21 家，上市科技企业 293 家，高新技术企业达 5808 家，规模以上工业企业建有研发机构达 1 万家，企业研发机构建有率超过 85%。苏南企业发明专利年申请量超过 7 万件，近三年累计落实科技税收减免额超过 550 亿元，苏南地区共建有省级外资研发机构 564 家，占全省的 91.6%。[①]

然而，苏南企业自主创新能力还需进一步提高，苏南企业自主创新的实力尚不够、动力还需加强。近年来，苏南企业自主创新活动取得积极进展，但企业的对外技术依存度仍然较高，自主知识产权缺乏，企业研发投入不足，企业研发经费的投入强度一直在低水平徘徊（见表 9—16），平均 1% 左右，远低于苏南全社会研发经费投入强度，2013 年苏南企业的 R&D 经费占销售收入的比例为：南京 1.04%，无锡 1.44%，苏州 0.96%，镇江 0.89%，常州 1.05%，国际上普遍认为只有 R&D 投入强度达到 5% 以上的企业才具有足够的市场竞争力。低水平的投入强度，导致苏南许多企业的技术创新活动维持在对一些低端技术的研发上，即以支撑当前处于产业链低端的生产经营为主要目标，以在引进技术的基础上进行部分开发活动为主要形式。科技人员的主要任务还是维持现生产，对核心技术和前瞻性技术研究较少。苏南企业拥有的人才虽然总量上与政府部门、科研机构、高等学校相比占大部分，但层次相对较低，尤其缺乏领军型人才。

表 9—16   苏南五市企业 R&D 经费占销售收入的比例（2008—2013 年）

（单位:%）

城市	南京	无锡	苏州	镇江	常州
2008 年	0.88	0.98	0.68	0.88	0.88
2009 年	0.78	1.07	0.74	0.84	0.95
2010 年	0.88	1.05	0.73	0.86	0.87
2011 年	0.94	1.12	0.80	0.81	0.97
2012 年	0.87				
2013 年	1.04	1.44	0.96	0.89	1.05

资料来源：数据摘自《历年各市科技进步统计监测综合评价结果》，江苏科技统计网站（www.jssts.com）、各市科学技术委员会相关年度数据整理计算。

---

① 科技部：《苏南国家自主创新示范区发展规划纲要（2015—2020 年）》，2015 年 8 月。

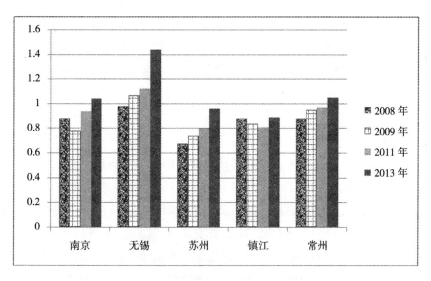

图 9—5 苏南五市企业 R&D 经费占销售收入的比例
（2008—2013 年）（单位：%）

苏南企业获得的自主创新风险资金投入不足，企业缺乏自主创新的激励力。目前苏南企业创新资金的主要来源是内部筹资，这种资金数额有限且抗风险性低，企业的盈利目的使其在面对超过其可以承受的能力、甚至影响其生存的资金风险时，会放弃自主创新。与此同时，苏南目前知识产权的保护力度不到位，侵犯知识产权的现象屡禁不止，从而严重影响了企业申请专利和注册商标的积极性，影响了产业的优化升级，制约了苏南企业自主创新主体能力的发挥。

江苏的企业与山东、广东的相比，还存在企业单体规模较小、运营能力较弱、品牌效应不强等弱势，科技成果转化和技术创新不充分，产品的附加值不高，江苏高校资源、技术和学术等方面的智力优势没较好地转化为现实的市场竞争优势和区域经济发展优势。

2. 科技文化的不成熟性：苏南创新型科技人才队伍的不足和差距

一个地区的科技文化是否发达可以由该地区创新型科技人才队伍的质量和规模得到反映。苏南文化教育事业基础扎实，科技人才荟萃。苏南高校和科研院所的数量、高等教育入学率、两院院士数、科技型领军人才等在全国名列前茅。苏南地区目前拥有高等院校 107 所、科研机构 330 多家、国家级大学科技园 12 个、国家重点实验室和工程技术中心 55 个、国家 "2011 协同创新中心" 5 个，科技人员总数达 810 万人，在校大学生超过 130 万人。近三年苏南共引进高层次人才 6 万多名、创新创业团队 1500 多个，国家 "千人计划" 人才累计达 442 人，其中创业类 189 人，占全国 27% 以上。[①]

科技人才在党政人才、企业经营管理人才、专业技术人才三大类人才中，主要是指专业技术人才中从事科技活动的人员。概括而言，科技人才是指从事或有潜力从事科技活动，有知识、有能力、能够进行创造性劳动，并在科技活动中作出贡献的人员。创新型科技人才主要是指科技人才中从事研究与发展（R&D）、并具有突出的创新性特点的研究与发展（R&D）人员。创新型科技人才是新知识的创造者、新技术的发明者、新学科的创建者、新产业的开拓者，是国家竞争力的决定性因素。《国家中长期人才发展规划纲要（2010—2020 年）》提出，人才队伍建设的主要任务首先就是要突出培养造就创新型科技人才，要求围绕提高自主创新能力、建设创新型国家，以高层次创新型科技人才为重点，努力造就一批世界水平的科学家、科技领军人才、工程师和高水平创新团队，注重培养一线创新人才和青年科技人才，建设宏大的创新型科技人才队伍。

虽然苏南科技、教育处在全国领先地位，科技人才队伍建设在全国名列前茅，但从率先基本实现现代化的角度看，苏南创新型科技人才队伍还存在着不少问题，主要表现为以下几方面：

（1）科技人才层次还需进一步提高

苏南科技人员总量较多，但高层次人才、创新人才较缺乏，科技人员的主要任务还是维持现生产，技术创新活动经常维持在对一些低端技术的研发上，因此是维持现生产型的科技人员队伍。随着产业结构的提升，科技人才结构也必须相应地改变，要提升科技人才的层次，使其适应研发工作的需要，形成以研发为主的创新型科技人才队伍结构。

苏南经济总量在全国处于领先地位，人均 GDP 在 2013 年达到 17718 美元，已超过 10000 美元，但科技人才的实力与经济实力相比还不匹配，这从江苏省的数据可以反映出来，江苏科技人员总量较大，但层次不够

---

① 科技部：《苏南国家自主创新示范区发展规划纲要（2015—2020 年）》，2015 年 8 月。

高，2013 年江苏科技活动人员的绝对数达到 108.08 万人，其中科学家和工程师的人数为 62.69 万人，占 58%，这一比例较低，亟待提高。

（2）科技人才结构转型滞后于产业结构转型

要实现从工业文明向知识文明的过渡，率先基本实现现代化，就要在苏南加速经济发展方式转变，促进经济增长由主要依靠第二产业带动向依靠第一、二、三产业协同带动转变，由主要依靠增加物质资源消耗向主要依靠科技进步、劳动者素质提高、管理创新转变，由高能耗、高污染的产业向低能耗、低污染的产业转变，促进战略性新兴产业迅速发展。目前人才的结构性矛盾甚为突出，人才资源开发利用效率偏低，出现了结构性的人才紧缺状况，战略性新兴产业的人才缺口较大，需要大量引进，而大量低端产业、高污染高能耗产业则要转移出去，存在着人才严重短缺和人才大量浪费并存的现象，科技人才结构面临着重新调整的局面，需要引进、培训和流动科技人才。

（3）区域内各市科技人才分布存在一定程度的不平衡

苏南创新型科技人才队伍总量大，但是各市分布也不平衡，从表9—17可以看出，苏州和无锡近年来科技发展较快，科技进步状况综合评价得分高于 95 分，并且人均 GDP——2013 年已达到 12 万元以上，为科技人才队伍建设提供了强有力的经济支撑，专利申请受理量也是五个城市中最多的，但是数据也显示若论科技人才的质量，还是南京更高，可以看出，南京的研发人员占从业人员比重最高，研发人员总量最大，发明专利申请量占专利申请量的比例最高，R&D 支出占 GDP 比例最高，苏南五城市中科技人才队伍相对较弱的是常州和镇江两市，存在一定程度的差距。

表9—17　　　　　　2013 年苏南五市科技人才相关指标

城市	人均 GDP（元）	R&D 人员（人年）	研发人员占从业人员比重（%）	专利申请受理量（件）	发明专利申请受理量(件)	R&D 支出占 GDP 比例(%)	科技进步状况综合评价得分（分）
南京	98011	111756.4	2.47	54784	22482	2.95	90.39
无锡	124640	81716.4	2.10	80271	20959	2.70	95.88
常州	92995	58180	2.07	41705	11840	2.57	88.62

城市	人均 GDP（元）	R&D 人员（人年）	研发人员占从业人员比重（%）	专利申请受理量（件）	发明专利申请受理量(件)	R&D 支出占 GDP 比例(%)	科技进步状况综合评价得分（分）
苏州	123209	140910	2.03	141076	44477	2.57	96.29
镇江	92633	30699.5	1.60	28255	9190	2.43	85.02

注：根据江苏科技统计网站、苏南五市统计局网站资料整理计算而得。

科技人才队伍是推动经济社会发展的战略性资源，创新型科技人才则是国家和区域竞争力的决定性因素，突出培养造就创新型科技人才，对于提高核心竞争力、建设创新型国家以及加快转变经济发展方式都具有重大意义。面对苏南基本实现现代化的巨大需求，如何充分调动科技人员的积极性，如何建设一支与苏南经济社会发展相适应的规模结构合理、素质优良的创新型科技人才队伍，如何全面提升苏南科技人才的创新能力与水平，为苏南率先基本实现现代化提供科技人才智力保证，是我们面临的一项十分紧迫而重要的课题，创新型科技人才队伍建设是苏南现代化建设的关键所在。

3. 科技经济的不成熟性：高新技术产业中的低端环节问题

科技经济一方面是指以科技支撑的经济，经济发展依赖科技进步，另一方面是指以经济支持的科技，科技发展需要经济投入与支持。近些年来，苏南的研发投入水平快速增强（见表 9—18），2014 年研发投入占 GDP 比例达 2.7%，接近发达国家和地区水平（美国 2010 年的 R&D 经费占 GDP 的比重为 2.8%）。

表 9—18　苏南科技创新与经济发展有关指标数值（2007—2014 年数据）

指标名称	单位	2007年	2008年	2009年	2010年	2011年	2012年	2013年	2014年
人均 GDP（常住）	美元	7230	8960	10188	13250	14590	16321	17718	19124

指标名称	单位	2007年	2008年	2009年	2010年	2011年	2012年	2013年	2014年
R&D 经费占GDP 的比重	%	1.95	2.22	2.36	2.4	2.49	2.57	2.64	2.69

说明：根据《江苏统计年鉴》、《江苏省国民经济和社会发展统计公报》、《江苏科技统计公报》、江苏省科学技术厅相关年度数据整理而得。

在科技支撑的经济发展方面，苏南积极探索以自主创新引领战略性新兴产业发展的新模式，培育发展了新一代电子信息及软件、新能源、新材料、节能环保、生物医药、物联网等一批战略性新兴产业，南京高新区的软件产业、苏州工业园区的纳米技术产业、无锡高新区的传感网产业、常州高新区的太阳能光伏产业等已形成先发优势，产业创新链日益完善，成为转变发展方式与调整经济结构的重要引擎。超前部署碳纤维、石墨烯、未来网络、智能电网、北斗应用、机器人等前瞻性新兴产业，部分应用领域达到世界领先水平。2014 年苏南地区高新技术产业产值达 3.4 万亿元，占规模以上工业比重达 43.9%，高新技术产品出口占出口总额的 43.8%。

然而，目前苏南高新技术产业占的比例还未达到 50%，与发达国家和国内领先的城市和地区相比还有差距，苏南高新技术产业的比例还需要进一步提高（见表 9—19）。与此同时，更需要加以重视的是，由于高技术产业是按统一划定的产业来确定的，即使是高技术产业中的劳动密集型环节，也会被统计为高技术产业，这样，苏南的许多所谓的高技术产业的产值统计就是有水分的，无法真实地反映出苏南产业的状况。尤其是在引进的高新技术产业中，实质上转移过来的可能是高端产业中的低端制造环节或工序，是劳动密集型的，以制造工厂为主，特征是"两头在外"，主要是从事处于微笑曲线中间的加工生产，利润空间很低。这种带有隐蔽性质的高技术产业中的低技术含量的低端产品生产环节一定要引起我们的高度关注和切实纠正。

表9—19   苏南高新技术产业有关指标数值（2007—2014 年数据）

指标名称	单位	2007 年	2008 年	2009 年	2010 年	2011 年	2012 年	2013 年	2014 年
高新技术产业产值占工业总产值比重（规模以上）	%	30.5	31.5	33.5	35.3	39.13	40.87	42.62	44.04
高新技术产业产值	亿元	11828	14213	15799	20860	25481	28663	32000	34203

说明：数据根据 2007—2014 各年度《江苏省科技进步统计监测结果与科技统计公报》、《江苏科技统计公报》整理计算。高新技术产业产值占工业总产值比重（规模以上）一栏数据为苏南五市该比重的算术平均值。

第十章　加强科技创新促进苏南率先基本实现现代化

要促进苏南率先基本实现现代化，关键是要理清思路，明确目标和任务，加快从现代化第一阶段向现代化第二阶段的转变，加强科技创新，促进经济转型，同时发挥好政府的导向作用。

一　以科学发展观为理论指南，实现苏南发展方向和路径的转变

1. 处于工业化转型期的苏南必须转变发展观念

苏南已进入初等现代化向中等现代化转型的关键时期。苏南 2014 年人均地区生产总值已达 19124 美元。按照现代化进程的一般规律，以人均 GDP 突破 3000 美元为标志，苏南的发展进入一个新的阶段，这是一个工业化转型期、城市化加速期、市场化完善期和国际化提升期，这一关键时期对推动苏南经济社会进一步转入科学发展的轨道至关重要。

苏南现在所处的现代化进程中的关键时期也是经济发展面临风险的关键阶段，苏南的现代化是走在全国前列的现代化，在发展中遇到的问题也先于全国，苏南必须率先转变发展观念，解放思想，摆脱原有框架的束缚，实现发展路径的转变。

2. 科学发展观指明了我国现代化的目标追求

科学发展观是马克思主义关于发展的最新成果的概括，也是对我国经济社会发展实践活动的经验总结，是国际发展理论的进一步丰富，也是对现代化理论的深化和发展，国际发展理论从强调经济增长的发展观，到强

调结构转换的发展观，再到强调社会进步的发展观，再到强调可持续发展的发展观；现代化理论从经典现代化理论，到后现代化理论，再到生态现代化理论、再现代化理论和第二次现代化理论，这些理论所强调的主要观点，所关注的主要问题与科学发展观有共同之处，科学发展观所强调的以人为本，全面、协调、可持续的科学发展的观点概括出了发展理论、现代化理论的核心观点，是马克思主义在发展理论、现代化理论方面的新成就，能够有效地指导我国的社会主义现代化建设。

3. 以科学发展观为指导，实现苏南发展方向和路径的转变

苏南已到了必须实现发展方向和路径的重大转变的时刻，至少需要实现以下几方面的突破：

第一，突破单一经济发展论，代之以经济社会全面协调发展论。发展是全面的发展，发展的内容既要坚持以经济建设为中心，又要全面推进经济建设、政治建设、文化建设、社会建设和生态建设，必须改变苏南经济发展快、社会发展相对滞后的局面，实现经济、政治、文化、社会和生态的协调发展。

第二，发展要从以物为本转变为以人为本。科学发展观指出：发展为了人民，发展依靠人民，发展成果由人民共享，对发展的目的、发展的主体、发展成果的分配作出了规定，要改变以往那种只考核物质指标，而不考虑人民需求的做法，要以人为目的。

第三，积极推进苏南现代化进程从工业化走向知识化。苏南目前在现代化进程中的坐标是处于工业化的中后期，是从初等现代化向中等现代化转折的关键时期。必须改变苏南工业化发展程度高，知识化进程相对发展速度缓慢的局面，实现从工业化向知识化的顺利转变。发展要实现内涵式的发展，在当今科学技术对经济增长的贡献率越来越大的情况下，要加强自主创新，努力建设好苏南国家自主创新示范区。

第四，由国内为主的发展转变为向国际拓展的发展。在全球化条件下，发展不能仅局限于国内发展，要在全球范围内寻求发展的机会和空间，实现资源全球的合理配置。

第五，由只关注眼前利益转变为也关注长远利益。科学发展观要求发展是可持续的发展，不仅当代人要实现发展，而且当代人的发展不能以损

害后代人的发展为代价，要给后代留出发展的空间，留下可以进一步发展的土地、清洁的水、清洁的空气、矿产资源。

第六，改变区域发展不平衡状态，实现区域协调发展。发展是区域之间、城乡之间、不同群体之间的协调发展，协调发展并不要求同步发展，但也不能让发展失衡，要促进苏南区域内的平衡发展，也要改变苏南与省内其他两个区域苏中、苏北之间的发展不平衡状态，促进省内各区域的共同发展。

二　加快转变经济发展方式，提升产业结构，全力解决苏南率先基本实现现代化过程中的主要矛盾

加快转变经济发展方式，推动产业结构优化升级，这是关系国民经济全局的紧迫而重大的战略任务。加快转变经济发展方式是经济发展规律的必然要求。经济发展方式是指一国或地区实现经济增长、经济结构优化和经济质量提高的方法和模式。经济发展方式转变，就是由粗放型增长到集约型增长、从低级经济结构到高级、优化的经济结构，从单纯的经济增长到全面落实协调可持续的经济发展的转变。它涉及经济增长方式的转变、产业结构的调整、生态环境的改善和自主创新能力的提升。要坚持走中国特色新型工业化道路，坚持扩大国内需求特别是消费需求的方针，促进经济增长由主要依靠投资、出口拉动向依靠消费、投资、出口协调拉动转变、由主要依靠第二产业带动向依靠第一、二、三产业协同带动转变，由主要依靠增加物质资源消耗向主要依靠科技进步、劳动者素质提高、管理创新转变。因此转变经济发展方式，主要就是要实现经济增长驱动力的转变，发展现代产业体系；促进产业由低技术水平、低附加值状态向高新技术、高附加值状态演变。

苏南是我国经济发展最快的地区之一，曾经是乡镇企业异军突起的发源地，创造出了苏南模式，苏南已于 2007 年率先实现了全面小康，正向基本现代化迈进，因此苏南的经济发展也更早更强烈地面临到经济转型的问题和紧迫压力。

1. 一个国家或地区的经济发展是由多个阶段构成的历时性过程

一个地区或一个国家的经济发展是有规律可循的。根据迈克尔·波特的理论，经济发展要经历四个阶段，第一阶段是要素驱动阶段，产业发展主要依赖某些低级生产要素：天然资源、自然环境和丰富而廉价的劳动力，产业技术层次不高，创新能力缺乏。第二阶段是投资驱动阶段，虽然低级生产要素仍然是企业获利的基础，但企业已经向更高级的生产要素的创造方面迈进，从政府到企业都有积极的投资意愿，企业有能力对引进的技术在使用过程中进行消化吸收和改进。第三阶段是创新驱动阶段，企业不仅运用和改进从其他国家获得的技术，而且创造和发明新的技术，技术创新成为驱动产业升级的主要动力。第四阶段是财富驱动阶段，产业发展的动力是已经获得的财富，企业更注重保持地位而不是追求发展，实业投资的动力下降，金融投资的比重上升。

因此，经济发展的总过程是由各个阶段前后相继而构成的，对每一阶段而言，虽然不能超越却可能缩短，当条件具备时，则可以及时实现转变，进入更高级的阶段。苏南地区目前正处在工业化中后期，已经到了从投资驱动向创新驱动转变的时期，要实现投资驱动向创新驱动的战略跨越，加快技术创新，及时转变，不能错失良机。

2. 产业转移是现代化过程中的规律性现象

从英国发生工业革命开始，世界开启了现代化的宏大进程，在三次现代化的浪潮中，各个国家都先后启动了工业化或者已开始了知识化的进程，现代化有先发国家和后发国家之分，先发地区和后发地区之分，随着经济的不断发展和经济全球化的不断深入，由于资本的逐利性特点，老的产业会不断从先进国家和地区向比较落后的国家和地区转移，形成一个共时性的产业梯度，形成了劳动密集型、资本密集型、技术密集型、知识密集型产业在不同国家和地区间的梯度分布格局。因此，随着经济的发展，产业必然会发生转移，如劳动密集型产业在 20 世纪五六十年代由发达国家转移到日本、再转移到亚洲新兴工业化国家，90 年代转移到中国的东部地区，现在正继续转移到中、西部地区和越南等其他国家。再如韩国，开始曾经是劳动密集型产业转移的重要承接地，发展以轻纺工业为主的劳动密集型产业，这使韩国经济在短时间内迅速发展起来，但到了 70 年代后期，韩国便开始转移劳动密集型产业，向资本密集型产业升级，重点发展重化工业，以后又及时实现了向技术密集型产业的升级。因此属于中国东部的苏南地区必须顺应产业转移这一发展规律，及时转移或提升劳动密集型和资本密集型产业，发展先进制造业，发展现代服务业。

3. 以人才结构优化引领和助推产业结构转型升级

苏南要率先基本实现现代化，必须加快经济发展方式转型，提升产业结构，实现向第三产业、技术密集、创新驱动为主的方向转变，以战略性新兴产业的发展为突破口，带动经济转型。引进人才特别是引进领军型海归人才是发展战略性新兴产业和重点产业的捷径。要以人才结构优化引领和助推产业结构转型升级，实现高端的人才与高端的产业结构相互促进，形成良性循环。《国家中长期人才发展规划纲要（2010—2020 年）》提出到 2020 年，我国要进入世界人才强国行列，按照这一人才发展规划，同时考虑到苏南必须率先发展、率先实现人才强区的目标，因而加大力度引进高层次人才，实现超常规发展，是苏南的必然选择。对于低端产业，由于苏南的劳动力成本正不断提高，资源环境的约束力越来越强，必须顺应产业升级和产业转移的发展规律，及时提升或转移劳动密集型和资本密集型产业，发展先进制造业，发展现代服务业。低端产业出路有两条：一是进行技术升级，加大技术创新力度，用高新技术改造传统产业；二是进行区域转移，促进加工经济向以研发和营销服务为主导的总部经济转型，而将低附加值的加工生产项目转到劳动力资源相对过剩的如苏北、安徽、河南等地。而在承接先进国家和地区的产业转移时，一定要严格选择和把关，要承接高附加值高科技含量的先进产业，拒绝高耗能高污染低附加值的落后产业，从而充分利用周围环境中的有利因素避免不利因素，拓展发展的空间，保持发展的优势。

要引进领军型人才，培育战略性新兴产业。苏南应该引进领军型人才，发展战略性新兴产业，以战略性新兴产业带动转型。事实证明，长期以来，我们引进的外资主要是低端产业或者是高端制造业中的低端环节，真正的技术、具有知识产权的技术是引进不来的，要发展高技术产业、高利润产业，不能靠引进外资，而应该靠引进外智，并使外智与本土条件相结合，目的是促进本土产业转型升级。因此，引进外智最佳选择就是领军型海归人才。人才是第一资源，苏南的转型升级，关键是人才，高端的人才能够推动产业的升级，高端的产业结构又能够进一步吸引和留住高端的人才，高端人才的引进还能促进人力资源结构的合理化，从而使苏南的科教优势得以充分发挥，并进一步转化为创新优势。

三 发展低碳经济，缓解苏南率先基本实现现代化发展道路上的瓶颈制约

1. 发展低碳经济和总部经济，促进产业的技术升级或区域转移

生态化是现代化第二阶段追求的目标之一，由于环境、资源问题在今后相当长的一段时间内对苏南地区经济和社会可持续发展将产生很大影响，因此苏南在推进基本现代化过程中加强节能减排和污染治理的任务相当艰巨。苏南必须抓住低碳经济发展的契机，大力发展污染低、碳排放量小的先进制造业和现代服务业，充分发挥苏南制造业发达的优势，积极发展太阳能、风能和生物质能等新能源设备产业，打造新能源设备的制造基地。要调整能源结构，限制碳排放量高的低端产业、高耗能高污染产业，切实落实并率先实现我国政府承诺的减排目标，采取征收碳税、规范能效标准、提高能效、严格节能减排，开展碳交易，适时建立区域性碳交易市场等一系列措施，构建高效、低碳的产业结构。同时通过进一步完善城市绿地系统、提高林木覆盖率、加大农村造林绿化和重点区域森林建设力度来增加碳汇。

促进产业的技术升级或区域转移，发展总部经济和低碳经济。苏南经济在工业化初期，主要利用了廉价的劳动力、依靠要素、投资驱动，发展了乡镇企业、发展了外向型经济，劳动密集型的产业多，技术密集型产业少，产业的层次低，苏南的高新技术企业大多是外资企业，以劳动密集型的生产环节为主，以加工装配为主，究其实质并不能真正算是高新技术产业。目前随着苏南经济的发展，随着苏南从工业化早期进入了工业化的中后期，低端产业面临着技术升级或区域转移的巨大压力，这是经济发展过程中产业转移规律在目前苏南地区的体现，对于这些企业和产业来说，或者进行技术升级，或者进行区域转移，将低附加值的加工生产环节向外地

如中西部地区转移，苏南地区则向总部经济转型，从而优化地区人口结构，提高人口素质，保护生态环境。如作为我国纺织产业重镇的无锡纺织业，正从加工经济向总部经济转型，在纺织企业工业园里的，是一座座现代化的办公楼，而不再是传统纺织业一排排车间的景象，主要是高端纺织布料的研发生产基地和营销总部，面广量大的低附加值加工生产已向外地梯度转移。

苏南经济总量大，能源结构以煤为主，环境污染和碳排放量都较大，虽然按单位 GDP 看苏南的碳排放量和污染程度会低于全国平均水平，但按区域面积和人均的分摊量来看则会高于全国平均水平。苏南必须大力发展低碳经济，实现产业结构、能源结构的低碳化，并通过提高森林覆盖率、提高城市覆盖率等措施增加碳汇。

2. 发展低碳交通，进一步加强低碳经济建设

交通行业目前正在迅速发展之中，我们必须在保证苏南交通发展的同时，通过多种渠道，降低碳排放水平，确保苏南交通二氧化碳排放总量和人均交通二氧化碳排放量的增长在一定的范围之内。发展低碳交通主要包括低碳技术的创新和社会经济体制机制的改革调整，建设低碳化的城市交通系统、实现苏南低碳交通目标的途径可以从以下几方面考虑：

（1）通过加强公共交通建设促进交通低碳化

大力发展轨道交通。轨道交通具有快速通畅、低耗能、零排放的特点。据介绍，地铁的综合能耗仅约为普通汽车的 5%。如果运送相同数量的乘客，轨道交通与小汽车相比节省能耗 90% 以上。在所有的交通工具之中，轨道交通已成为最为节能环保的一种出行方式。以无锡市为例，无锡市城市总体规划、综合交通规划和公共交通规划均明确提出要建立以常规公交为主体、轨道交通为骨干的便利的公共交通系统，努力构建与区域中心城市空间、职能、交通特征相适应、交通与用地一体化的、具有国际水准的综合交通运输体系。无锡市已建成轨道交通 1 号线、2 号线，总长度 56.11 公里，设立站点 45 座，形成东西向和南北向的"十"字形轨道交通网络骨架，覆盖城市南北发展主轴。通过轨道交通的建设，分担了部分交通任务，减少了机动车碳排放。做好轨道交通与其他交通方式的衔接，充分发挥轨道交通在解决长距离、大流量市民出行中的作用，附带解决沿线中距离、中流量的居民出行。

加快公交车交通的优先发展，大力实施"公交优先"战略，全力推进城乡公交一体化，以提高公交出行的便捷性、经济性和安全性为根本，提高公共交通效率，真正发挥公交车交通在城市公共交通中的主力军作用，构建合理的交通结构。以无锡市为例，根据无锡市区主城片区化和城乡一体化的发展趋势，按照步行距离较短、候车时间较短、换乘次数较少的总体要求，完成中心城各个片区的公交线路建设，完成沟通城市与乡镇、乡镇与乡镇的公交线路建设，完成与公交线路布局相适应的各类公交场站建设，解决轨道交通不能覆盖的各个区域的居民出行，努力使公交车交通成为无锡市区居民出行的主要方式。制定有吸引力的公共交通票价政策；大力改善公交网络，提高公共交通服务质量；制定实施公交优先政策，确立公交优先通行权；在市区边缘，设置低价或免费停车设施，鼓励市区乘用公交车辆。

（2）通过协调和衔接各种交通方式促进交通低碳化

加强铁路、公路、航道、道路各种交通方式协调发展，提高通行能力，达到通行的经济速度，提高通达性，减少绕行，降低污染。根据各种公共交通方式互相衔接的总体要求，基本完成公共交通换乘系统的建设，争取形成公交、出租、轨道等各种公共交通方式分工合理、联系紧密、运转协调的公共交通系统，适应由于区域经济、城镇体系和城市布局不断发展而带来的居民出行的需求变化。

在城市中心城区、在轨道交通站点和公交枢纽试行自行车租赁制度，多点设置自行车租赁点，方便群众租借和还回，完善自行车租赁体系，使自行车成为中心城区人们首选的代步工具，同时限制私家车进入中心城区，从而减少私家车的年行驶里程数，减少其对环境的污染。

（3）通过科技创新和制度创新推动交通低碳化

低碳交通的发展根本上要依靠科技创新，要重点关注新材料、新工艺、新装备的研究应用，积极开发环保与资源节约技术，大力推进交通节能技术进步，积极应用高新节能运输工具。加强对新技术汽车相关科研的支持力度，加快燃料电池的研发，实现汽车产业的绿色化；运用财税手段，支持节能和替代燃料汽车的发展。利用新技术、新材料提高道路使用年限，降低道路噪音，建设生态化道路。结合智慧交通建设，积极推进智能化交通设施建设，增加交通运输中的科技含量，建设智慧交通城市。与此同时，还要加强制度创新，严格执行机动车尾气检测制度和排放合格证管理制度，所有新上牌车辆必须达到绿标以上排放标准，实行准入制度。对在用的黄标车实行限行，对旧车进行改造，淘汰耗能高排放多的车辆、船舶。大力发展天然气汽车，天然气汽车比燃油汽车至少可以节约成本35%—45%左右，发展天然气汽车还对治理城市汽车尾气污染，调整城市交通能源结构，具有最直接有效的作用，合理有序建设加气站点，大力实施公共交通的清洁能源改造，对城市公交车引进档次高、排放低的新车型发展绿色交通，推广使用天然气公交。大力发展电动汽车，制定鼓励人们购买电动汽车的优惠政策。

（4）通过进一步优化综合交通体系推动交通低碳化

大力推进铁路、水运和管道运输方式的协调发展，进一步优化综合交通体系结构，努力促进低碳化的运输方式加快发展。加快港口建设，全力做好沿江港口的功能拓展和内河港口的功能整合，积极探索航道服务区的规划建设，进一步优化水运配套设施，推动水运快速发展。降低公路运输压力，减少货运成本和碳排放。在苏南航空业快速发展的同时，确保单位旅客能耗保持每年2%的节能水平。

加强运输场站建设，建成到发、中转、仓储、通关各种运输功能完整配套的低碳化运输站场系统，提高苏南区域性客运、货运交通枢纽地位。在规模效应的基础上多点设置运输场站。加强运输组织建设，发展第三方物流，建立统一、规范的货运信息中心。

（5）通过加大政府的引导作用和市场的推动作用促进交通低碳化

提倡有节制地使用私家车，鼓励拼车，鼓励购买小排量车等环保车型，开展少开一天车活动，从而既能促进内需，加快经济发展，又能保护环境，降低能耗。稳步发展出租车，根据"既要有所发展，又要有所控制"的原则，采用"小步勤走、平稳发展、科学调度、减少空驶"的办法，使出租车交通更好地适应市民出行需求，建立出租车的信息化调度系统，有效解决在酷暑严寒、刮风下雨天气、节假日公休日、傍晚交接班时间"打的"难的问题，提高出租车的便利性。加强低碳交通的宣传和培训工作，树立低碳出行理念，提倡低碳生活方式。通过燃油税、碳税等的征收，利用市场机制推动交通的低碳化。设立发展低碳交通的专项治理资金、专项奖金。在相关网站设立低碳交通信息专栏，提供相关信息和服务。

四　多渠道促进城乡居民增收，实现苏南率先基本实现现代化各项指标的均衡发展

根据发展经济学的理论，许多发展中国家在经济增长的同时，往往是收入差距、不平等的广度和深度也在持续扩大，由经济增长而提高的国民收入不可能自然、均等地惠及各个地区和各个阶层，因此，要采取有效措施多渠道促进居民增收，实现城乡居民生活水平的显著提升和均衡发展。宏观层面上，要继续保持苏南经济的较高增幅，加快提升产业层次，依靠科技创新摆脱对廉价劳动力的路径依赖，有效提高人口素质，在提高公共投资效率的前提下有计划地增加教育、医疗、社会保障和福利方面的公共消费，在城市化和城乡一体化的进程中，实现制度平等和公共服务均等化，把基础设施和社会事业、社会保障发展的重心转向农村，从体制上根本解决城乡二元分割问题，从而为居民增收提供保证和持久基础；微观层面上，要率先全面改善分配结构，提高居民收入在国民收入分配中的比重，使劳动者工资增长赶上国民经济增长和企业利润增长，要在国家政策允许的范围内降低企业和个人的税收，清理和减少乃至取消不必要的收费项目，让利于民，这也是实现苏南一些城市提出的居民收入倍增计划的重要渠道，要提高居民工资性收入、经营性收入和财产性收入，加大转移支付力度。

多渠道实现城乡居民收入水平的显著提升，进一步缩小城乡收入差距。加快调整产业结构，是改善收入分配的长久之计。加快提升制造业，逐步向价值分配链的较高端迈进，提高就业者的层次和收入水平。加快发展服务业尤其是现代服务业，提高产业竞争力，增加产品附加值，进一步促进居民收入水平的快速增长。加速农业现代化进程，推动农业结构的升级换代，加快实现城乡统筹就业，统一完善城乡社会保障体系。要明确国家、企业、居民三者合理的分配比例关系，要适当调整投资和消费的比例关系，引导企业更多地把所得用于"人的再生产"。要大力发展民营经济，提高居民经营性收入；要拓宽投资渠道，促进居民财产性收入的提

高；要加大转移支付力度，营造公平社会环境。要推动苏南地区的城市竞争优势从资源驱动和投资驱动向财富驱动转变。

五　充分发挥政府的导向作用，加强苏南率先基本实现现代化的制度环境支持

后发国家现代化进程中政府的作用至关重要。要加强政府在转型发展中的导向作用，建设服务型政府。根据政府的职能理论，政府具有对市场进行适当干预和提供公共物品（包括公共政策）的职能，在率先基本实现现代化的过程中，苏南地方政府要发挥好对市场进行适当干预和提供公共物品（包括公共政策）这两方面的职能。

苏南地方政府要继续发挥强政府的优势，对市场进行适当的干预，克服市场失灵，这有利于维护市场竞争秩序，控制市场垄断的出现，保护每个参与者的机会公平，培育良好的竞争机制；有利于做好信息体制的建设工作，保障市场信息的畅通和对称；有利于保障社会的公平，维护社会的稳定。苏南政府要适当干预市场，淘汰落后产业、集中分散产业，培育引进和做大做强先进产业，打造符合现代化城市要求的产业新高地。

苏南地方政府还要加强提供公共物品的职能，公共物品是不能通过市场得到有效的供给的，如基础科学研究、空间技术、公共安全、环境保护等，公共物品应该由政府来提供，或者由政府进行适当的干预，这有利于发展公共事业，提供私人不愿意提供的公益服务，政府提供公共物品可以保证社会公共物品的充分供应，可以使它的外部性让每个人享有，可以提高个人的生活质量。

苏南地方政府更要突出制度创新的职能，制度创新是现代化第二阶段的一个重要特征，要加强有利于创新驱动的制度环境建设。公共政策也是公共物品的一种，形式如法令、条例、规划、策略、措施、办法等，它是政府各项职能得以施展的主要手段和形式。因此，政府要积极发挥其应有的职能，通过规划、法令、财税等公共政策，营造良好的公共环境。其中加强知识产权的保护和管理力度是当务之急。一个地区的技术创新能力主要取决于两个方面，一是是否拥有技术发明的成果；二是是否具备应用和转化科技成果的经济社会文化氛围和环境。苏南地区是我国的科教大区，

每年有大量的专利和科研成果产出，但苏南长期在自然环境上不重视环境保护，在经济环境上忽视知识产权，因而使社会的创新有效需求不足，技术创新、产品开发是企业的分内事，但市场是否规范、净化，却非企业能力所能左右。相比一些发达国家，我国在民族品牌保护方面任重道远，当前首先要做的是严厉打击仿冒、造假、欺诈、伪劣、垄断行为，进一步完善市场经济秩序，让竞争更公平，切实保护消费者和企业的正当权益。自然环境的保护已成为社会共识，经济环境的保护同样迫切。政府只有加大知识产权的保护力度，严惩侵犯知识产权的行为，才能使企业真正重视技术创新，才能把广大科技人员的积极性引到技术创新上来，从而使社会增大对创新的有效需求。

苏南地方政府要发挥主导作用，营造创新的政策、文化、环境，深化体制改革，加强各种创新资源的系统整合与优化。长期以来宏观体制上的分散、分割影响了科技战略目标的实现和重大科技创新活动的有效组织，明显地削弱了科技的组织动员能力和协同集成能力。特别是条块分立、军民分割、相互封闭、产学研结合度低的行政管理格局始终未能得到根本解决。科技力量难以协调集成，科技项目重复分散，造成部分科技资金使用效益低下甚至被浪费。要发挥政府的推动作用，创新政策环境，构建服务平台，建设发展载体，提供资金支持。使从事科技创新活动的机构、体制安排、运行方式等的总和构成更加合理化，使企业、高等院校和研究机构之间知识和信息的流动更为充分。

六　加强创新型科技人才队伍建设，为苏南率先基本实现现代化提供智力保证

苏南率先基本实现现代化的任务和目标对苏南科技人才队伍建设提出了更高的要求。根据人才必须优先发展和科学技术必须领先于经济社会发展的原则，科技人才队伍建设就应该走在科学技术发展的前头，而科学技术又必须走在经济社会发展的前头。因此苏南要率先基本实现现代化，首先就要实现科技人才队伍尤其是创新型科技人才队伍的率先发展，成为人才强区，为苏南率先基本实现现代化提供科技人才智力保证。

苏南率先基本实现现代化的目标对创新型科技人才队伍建设提出了迫

切要求，针对目前苏南创新型科技人才队伍建设的薄弱环节，应发挥苏南的优势，可以着重从以下三方面加以解决。

1. 大力引进外部高层次人才，优化人才结构

加大海外高层次创新创业人才引进力度，积极主动地参与国际人才竞争，充分利用全球化的条件，利用苏南经济领先、社会稳定的优势，积极发挥政府的调控作用，以各类高新技术开发区和创业园区为载体，形成苏南人才竞争的比较优势，大力引进海内外智力和回国留学生，鼓励和支持海内外高层次人才、留学人员在苏南支柱产业特别是高新技术产业和战略性新兴产业等领域研发创业。继续完善和实施引才计划，完善人才、智力、项目相结合的柔性引进机制，结合国家创新人才推进计划、海外高层次人才引进"千人计划"、"百人计划"、"新世纪百千万人才工程"、"长江学者奖励计划"、"国家杰出青年科学基金"等人才项目，引导和激励领军型高端人才、优秀创业创新人才向苏南地区集聚。要有全球观念，掌握国际人才动态，建立面向世界的国际人才信息网。要优化人才结构，以人才结构优化引领产业结构优化升级，并实现产业结构与人才结构的良性互动。

2. 完善创新型科技人才队伍建设的体制机制，引导科技人才向企业集聚

科技人才的建设是靠政府、组织（研究机构、大学和企业）和市场共同作用的结果。其中，公平竞争的市场机制对人才配置起着基础性的作用，政府主要是通过制定规划政策提供科技人才成长的宏观环境。要抓关键体制机制改革，建设建立市场基础作用、组织培育作用与政府宏观调控相结合的人才资源开发体系。

建立符合科技人员和管理人员不同特点的职业发展途径，鼓励和支持科技人员在创新实践中成就事业并享有相应的社会地位和经济待遇。进一步深化分配制度改革，分配政策要体现科技人才创新价值，建立技术、专利等知识产权入股制度和技术创新人员持股制度。提高科技人才的薪酬和待遇，注重向科研关键岗位和优秀拔尖人才倾斜。提高科技项目经费和科技预算中对人投入的比例，把人才的培养、使用作为评价计划实施效果的重要指标，从而激发科技人才的创新积极性和潜力。

改进科技评价和奖励方式，建立以科技成果转化率为取向的科研成果评价体系，完善以创新和质量为导向的科研评价办法，克服考核过于频繁、过度量化的倾向。加强科技人才流动，充分利用苏南教育科研资源优势，进一步促进产、学、研三方通过多种方式的合作和结合，高校、科研机构的人才可以到企业从事科研开发、咨询服务、兼职、讲学等多种形式的工作，鼓励企事业单位采取灵活方式引进国内外智力，鼓励企事业单位在境内外人才密集区设立研发机构，利用外地人才为苏南经济社会发展服务。提高苏南企业的社会地位，改变实际存在的"官本位"的状况，增强企业对科技人才的吸引力，推动科技人才向企业集聚。

3. 改进高校教育模式和方法，促进创新型科技人才队伍后备力量的培育

苏南是我国高等教育的发达地区，高等学校众多，高等教育规模发展较快，苏南高等教育为科技人才队伍提供了后备力量，但苏南教育体制、人才培养模式与培养质量还有待优化与提高。首先，要深化教育体制改革，完善教育目标。要加大创新型科技人才的培养力度，培育社会经济发展所急需的创新型科技人才，培养更多的既懂科技又懂管理的复合型人才。要加大教育投入，通过重点投资，培养国家战略领域所需人才。要抓紧培养信息技术、生物技术、新材料技术、先进制造技术等关键领域的高级人才和急需人才，加快构筑科技人才高峰。其次，要改革人才培养模式，建立学校教育和实践锻炼相结合、国内培养和国际交流合作相衔接的开放式培养体系。加强实践培养，结合科研项目的实施培养科技人才，加强产学研联合培养人才。要强化高层次人才的培养，根据不同类型人才成长规律，培养高层次的基础研究人才、工程技术人才、科技管理人才、科技成果推广人才、科技企业家、高级技工。最后，要探索并推行创新型教育方式方法，突出培养学生的科学精神、创造性思维和创新能力，从而提高人才培养质量，实现人才资源的持续开发。

附　录

附录一:1970—2010 年美、日、英、韩、中
第二次现代化进展评价图表集

附录 1—1　1970—2010 年美国第二次现代化进展评价图表集

附表 1—1—1　　　美国 1970—2010 年第二次现代化各指标数值

美国第二次现代化各指标汇总	1970 年	1980 年	1990 年	2000 年	2010 年
R&D/GDP（%）	2.5	2.4	2.7	2.5	2.8
R&D 科学家、工程师全时当量/万人口	25	28	38	41	46.7
居民申请国内发明专利数/百万人	503	458	704	555（99）	780
中学普及率（%）	N	91	92	97（98）	96
大学普及率（%）	56	56	75	77（98）	95
因特网用户/万人口	N	313.16(96)	975.94(98)	3386.75(01)	7400
城市人口占总人口比例（%）	74	74	75	77	82
医生数/千人	1.6	1.8	2.4	2.7（99）	2.4
婴儿死亡率（‰）	20	13	9	7	7
出生时平均预期寿命（年）	71	75	76	77	78

续表

美国第二次现代化各指标汇总	1970 年	1980 年	1990 年	2000 年	2010 年
人均能源消费（千克石油当量/人）	7665	7928	7822	8159（99）	7165
人均 GDP（当年价美元）	4857	11360	21790	34100	48358
人均 PPP（美元）	N	26980（95）	29340（98）	34100	47210
物质产业增加值占 GDP 比例（%）	38	36	29	26	21.1
物质产业劳动力占总劳动力比例（%）	38	34	31	26	18.8
世界第二次现代化指数	71	79	97	108	109

附表 1—1—2   美国 1970—2010 年第二次现代化各指标指数

美国第二次现代化各指标汇总 指数	1970 年	1980 年	1990 年	2000 年	2010 年
R&D/GDP（%）	104	100	113	104	117
R&D 科学家、工程师全时当量/万人口	62	70	95	102	116
居民申请国内发明专利数/百万人	64	59	90	71（99）	100
中学普及率（%）	N	90	91	96（98）	95
大学普及率（%）	72	72	96	99（98）	120
因特网用户/万人口	N	4（96）	12（98）	43（01）	94
城市人口占总人口比例（%）	93	93	94	96	103
医生数/千人	55	62	83	93（99）	83
婴儿死亡率（‰）	20	31	44	57	57

续表

美国第二次现代化各指标汇总　指数	1970 年	1980 年	1990 年	2000 年	2010 年
出生时平均预期寿命（年）	88	93	94	95	96
人均能源消费（千克石油当量/人）	120	120	120	120（99）	120
人均 GDP（当年价美元）	11	26	50	78	111
人均 PPP（美元）	N	66（95）	71（98）	83	115
物质产业增加值占 GDP 比例（%）	66	70	87	97	119
物质产业劳动力占总劳动力比例（%）	68	76	83	99	120

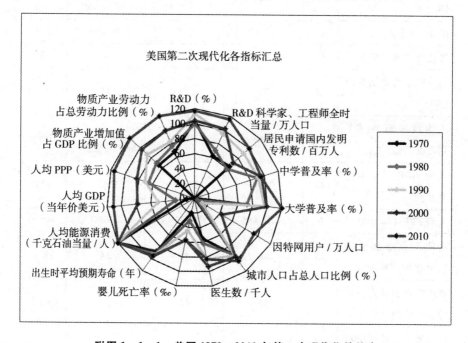

附图 1—1—1　美国 1970—2010 年第二次现代化的特点

附录1—2 1970—2010年日本第二次现代化进展评价图表集

附表1—2—1 日本1970—2010年第二次现代化各指标数值

日本第二次现代化各指标汇总	1970年	1980年	1990年	2000年	2010年
R&D/GDP（%）	2	2.1	3	2.8	3.4
R&D科学家、工程师全时当量/万人口	33	38	57	50	51.9
居民申请国内发明专利数/百万人	1254	1635	3051	2846（99）	2280
中学普及率（%）	86	93	96	102（98）	102
大学普及率（%）	31	31	31	44（98）	58
因特网用户/万人口	N	39.65（96）	107.05（98）	3710.89（01）	7800
城市人口占总人口比例（%）	71	76	77	79	91
医生数/千人	1.1	1.4	1.6	1.9（99）	2.1
婴儿死亡率（‰）	13	8	5	4	2
出生时平均预期寿命（年）	72	76	79	81	83
人均能源消费（千克石油当量/人）	2654	2968	3563	4070（99）	3898
人均GDP（当年价美元）	1947	9890	25430	35620	43118
人均PPP（美元）	N	22110（95）	23180（98）	27080	34810
物质产业增加值占GDP比例（%）	53	46	45	34	28.5
物质产业劳动力占总劳动力比例（%）	54	46	41	36	30.3
世界第二次现代化指数	58	72	88	103	102

附表 1—2—2　　　　日本 1970—2010 年第二次现代化各指标指数

日本第二次现代化各指标汇总　指数	1970 年	1980 年	1990 年	2000 年	2010 年
R&D/GDP（%）	83	88	120	117	120
R&D 科学家、工程师全时当量/万人口	82	95	120	120	120
居民申请国内发明专利数/百万人	120	120	120	120	120
中学普及率（%）	85	92	95	101	101
大学普及率（%）	40	40	40	56	74
因特网用户/万人口	N	1 (96)	1 (98)	47 (01)	99
城市人口占总人口比例（%）	89	95	96	99	114
医生数/千人	38	48	55	66 (99)	72
婴儿死亡率（‰）	31	50	80	100	120
出生时平均预期寿命（年）	89	94	98	100	102
人均能源消费（千克石油当量/人）	57	63	76	87 (99)	83
人均 GDP（当年价美元）	4	23	58	81	99
人均 PPP（美元）	N	54 (95)	56 (98)	66	85
物质产业增加值占 GDP 比例（%）	47	55	56	74	88
物质产业劳动力占总劳动力比例（%）	48	56	63	72	85

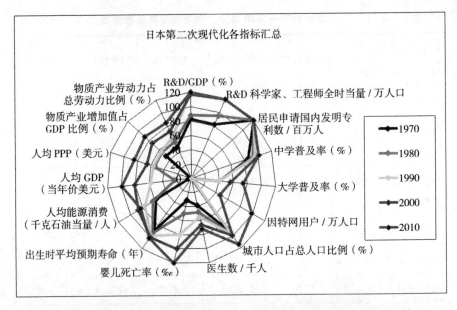

日本第二次现代化各指标汇总

附图1—2—1 日本1970—2010年第二次现代化的特点

附录1—3 1970—2010年英国第二次现代化进展评价图表集

附表1—3—1 英国1970—2010年第二次现代化各指标数值

英国第二次现代化各指标汇总	1970年	1980年	1990年	2000年	2010年
R&D/GDP（%）	2.3	2.4	2.2	1.8	1.8
R&D科学家、工程师全时当量/万人口	8	17	24	27	37.9
居民申请国内发明专利数/百万人	1121	744	1705	524（99）	250
中学普及率（%）	73	84	84	156（98）	106
大学普及率（%）	20	19	25	58（98）	61
因特网用户/万人口	N	99.01（96）	241（98）	3013.11（01）	8500
城市人口占总人口比例（%）	89	89	89	90	80
医生数/千人	1.2	1.6	N	1.8（99）	2.7

续表

英国第二次现代化各指标汇总	1970 年	1980 年	1990 年	2000 年	2010 年
婴儿死亡率（‰）	19	12	8	6	5
出生时平均预期寿命（年）	72	73	76	77	80
人均能源消费（千克石油当量/人）	3847	3571	3646	3871（99）	3254
人均 GDP（当年价美元）	2217	7920	16100	24430	36703
人均 PPP（美元）	N	19260（95）	20640（98）	23550	35620
物质产业增加值占 GDP 比例（%）	47	45	35	30	22.3
物质产业劳动力占总劳动力比例（%）	48	41	31	27	21.1
世界第二次现代化指数	54	64	75	92	92

附表 1—3—2　　英国 1970—2010 年第二次现代化各指标指数

英国第二次现代化各指标汇总　指数	1970 年	1980 年	1990 年	2000 年	2010 年
R&D/GDP（%）	96	100	92	75	75
R&D 科学家、工程师全时当量/万人口	20	42	60	67	95
居民申请国内发明专利数/百万人	120	95	120	67（99）	32
中学普及率（%）	72	83	83	120（98）	105
大学普及率（%）	26	24	32	74（98）	78
因特网用户/万人口	N	1（96）	3（98）	38（01）	108
城市人口占总人口比例（%）	111	111	111	113	100

续表

英国第二次现代化各指标 汇总　指数	1970 年	1980 年	1990 年	2000 年	2010 年
医生数/千人	41	55	N	62（99）	93
婴儿死亡率（‰）	21	33	50	67	80
出生时平均预期寿命 （年）	89	90	94	95	99
人均能源消费（千克石 油当量/人）	82	76	78	83（99）	70
人均 GDP（当年价美元）	5	18	37	56	84
人均 PPP（美元）	N	47（95）	50（98）	57	87
物质产业增加值占 GDP 比例（%）	53	56	72	84	113
物质产业劳动力占总劳动 力比例（%）	54	63	83	96	120

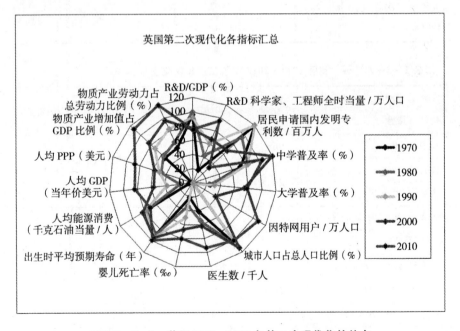

附图 1—3—1　英国 1970—2010 年第二次现代化的特点

附录 1—4　1970—2010 年韩国第二次现代化进展评价图表集

附表 1—4—1　　韩国 1970—2010 年第二次现代化各指标数值

韩国第二次现代化各指标汇总	1970 年	1980 年	1990 年	2000 年	2010 年
R&D/GDP（%）	0.3	0.6	2.1	2.7	3.4
R&D 科学家、工程师全时当量/万人口	2	5	20	21	49.5
居民申请国内发明专利数/百万人	57	133	733	1189（99）	2670
中学普及率（%）	42	78	87	102（98）	97
大学普及率（%）	16	15	39	68（98）	101
因特网用户/万人口		10.7（96）	37.66（98）	4027.5（01）	8400
城市人口占总人口比例（%）	41	57	72	82	83
医生数/千人	0.5	0.6	0.7	1.3（99）	2.0
婴儿死亡率（‰）	51	26	17	8	4
出生时平均预期寿命（年）	60	65	71	73	81
人均能源消费（千克石油当量/人）	495	1087	1898	3871（99）	5060
人均 GDP（当年价美元）	270	1520	5400	8910	20540
人均 PPP（美元）		11450（95）	12270（98）	17300	28870
物质产业增加值占 GDP 比例（%）	55	55	54	47	41.5
物质产业劳动力占总劳动力比例（%）	57	64	53	39	23.6
世界第二次现代化指数	25	35	55	84	100

附表 1—4—2　　韩国 1970—2010 年第二次现代化各指标指数

韩国第二次现代化各指标汇总　指数	1970 年	1980 年	1990 年	2000 年	2010 年
R&D/GDP（%）	13	25	88	113	120
R&D 科学家、工程师全时当量/万人口	5	12	50	52	120
居民申请国内发明专利数/百万人	7	17	94	120（99）	120
中学普及率（%）	42	77	86	101（98）	96
大学普及率（%）	21	19	50	87（98）	120
因特网用户/万人口	N	0（96）	0（98）	103（01）	106
城市人口占总人口比例（%）	51	71	90	104	104
医生数/千人	17	21	24	45（99）	69
婴儿死亡率（‰）	8	15	24	50	100
出生时平均预期寿命（年）	74	80	88	90	100
人均能源消费（千克石油当量/人）	11	23	41	83（99）	108
人均 GDP（当年价美元）	1	3	12	20	47
人均 PPP（美元）	N	28（95）	30（98）	42	70
物质产业增加值占 GDP 比例（%）	46	46	46	53	60
物质产业劳动力占总劳动力比例（%）	45	40	49	66	109

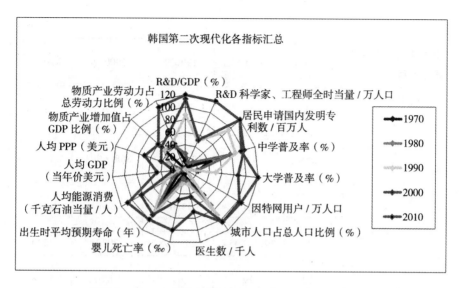

附图 1—4—1　韩国 1970—2010 年第二次现代化的特点

附录 1—5　1970—2010 年中国第二次现代化进展评价图表集

附表 1—5—1　　中国 1970—2010 年第二次现代化各指标数值

中国第二次现代化各指标汇总	1970 年	1980 年	1990 年	2000 年	2010 年
R&D/GDP（%）	N	N	0.5	1	1.76
R&D 科学家、工程师全时当量/万人口	N	N	4	5	12
居民申请国内发明专利数/百万人	0	0	20	12（99）	220
中学普及率（%）	24	46	48	63（98）	83
大学普及率（%）	1	2	2	7（98）	23
因特网用户/万人口	N	0.09（96）	0.16（98）	178.22（01）	3400
城市人口占总人口比例（%）	18	20	26	36	49
医生数/千人	0.3	0.9	1.6	1.7（99）	1.8
婴儿死亡率（‰）	69	42	29	32	14

续表

中国第二次现代化各指标汇总	1970 年	1980 年	1990 年	2000 年	2010 年
出生时平均预期寿命（年）	58	66	70	70	73
人均能源消费（千克石油当量／人）	258	421	598	868（99）	1807
人均 GDP（当年价美元）	114	290	370	840	4433
人均 PPP（美元）	N	2920（95）	3220（98）	3920	7520
物质产业增加值占 GDP 比例（%）	72	79	69	67	56.8
物质产业劳动力占总劳动力比例（%）	91	90	89	73	66.8
世界第二次现代化指数	21	25	26	31	47

附表 1—5—2　　中国 1970—2010 年第二次现代化各指标指数

中国第二次现代化各指标汇总　指数	1970 年	1980 年	1990 年	2000 年	2010 年
R&D/GDP（%）	N	N	21	42	73
R&D 科学家、工程师全时当量/万人口	N	N	10	12	30
居民申请国内发明专利数/百万人	0	0	3	2（99）	28
中学普及率（%）	24	46	48	62（98）	82
大学普及率（%）	1	3	3	9（98）	29
因特网用户/万人口	0	0（96）	0（98）	2（01）	43
城市人口占总人口比例（%）	23	25	33	45	61

续表

中国第二次现代化各指标汇总　指数	1970 年	1980 年	1990 年	2000 年	2010 年
医生数/千人	10	31	55	59（99）	62
婴儿死亡率（‰）	6	10	14	13	29
出生时平均预期寿命（年）	72	81	86	86	90
人均能源消费（千克石油当量/人）	6	9	13	19（99）	39
人均 GDP（当年价美元）	0	1	1	2	10
人均 PPP（美元）	N	7（95）	8（98）	10	18
物质产业增加值占 GDP 比例（%）	35	32	36	37	44
物质产业劳动力占总劳动力比例（%）	28	29	29	35	39

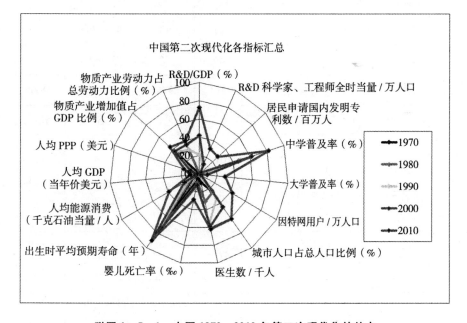

附图 1—5—1　中国 1970—2010 年第二次现代化的特点

附录二:1970—2010 年美、日、英、韩、中五国科技社会进展与现代化进展关系评价图表集

附录 2—1　1970—2010 年美国科技社会进展与现代化进展关系评价图表集

附表 2—1—1　　　　美国 1970—2010 年科技社会各指标数值

	美国	1970 年	1980 年	1990 年	2000 年	2010 年
科技经济	R&D/GDP（%）	2.5	2.4	2.7	2.5	2.8
	R&D 科学家、工程师全时当量/万人口	25	28	38	41	46.7
	人均 R&D 支出（当年价美元）	121.425	272.64	588.33	852.5	1318.3
	高技术产品出口/工业制成品出口（%）	N	N	31.83(96)	34.79(99)	N
科技文化	中学普及率（%）	N	91	92	97（98）	96
	大学普及率（%）	56	56	75	77（98）	95
	因特网用户/万人口	N	313	976	3386.8(01)	7400
	教育经费/GDP（%）	6.5	6.7	5.3	N	5.4
	人均教育经费（当年价美元）	315.705	761.12	1154.87	N	2684
科技体制	居民申请国内发明专利数/百万人	503	458	704	555(99)	780
	企业研究与开发支出/研究与开发总支出（%）	N	47.6	N	75.2(98)	73.4
	企业研究与开发人数/研究与开发总人数（%）	N	N	75.4（88）	79.4（98）	N

附表 2—1—2   美国 1970—2010 年科技社会各指标指数

美国		1970 年	1980 年	1990 年	2000 年	2010 年
科技经济	R&D/GDP（%）	104	100	113	104	117
	R&D 科学家、工程师全时当量/万人口	62	70	95	102	116
	人均 R&D 支出（当年价美元）	9	21	45	65	100
	高技术产品出口/工业制成品出口（%）	N	N	92(96)	100(99)	N
科技文化	中学普及率（%）	N	90	91	96(98)	95
	大学普及率（%）	72	72	96	99(98)	120
	因特网用户/万人口	N	4	13	43(01)	94
	教育经费/GDP（%）	120	120	98	N	100
	人均教育经费（当年价美元）	12	28	43	N	100
科技体制	居民申请国内发明专利数/百万人	64	59	90	71(99)	100
	企业研究与开发支出/研究与开发总支出（%）	N	68	N	108(98)	100
	企业研究与开发人数/研究与开发总人数（%）	N	N	95(88)	100(98)	N

注：表中科技社会各指标的指数为附表 2—1—1 中各指标数值与表 2—1 中相应各指标的基准值之百分比。

附表 2—1—3   美国 1970—2010 年科技社会三要素与现代化指数

美国	1970 年	1980 年	1990 年	2000 年	2010 年
科技经济	68	72	86	93	107
科技文化	67	78	82	79	102
科技体制	64	75	92	93	100
现代化	71	79	97	108	109

注：表中各指标的指数为附表 2—1—2 中相应各二级指标指数的加和平均值。现代化指数见附表 1—1—1。

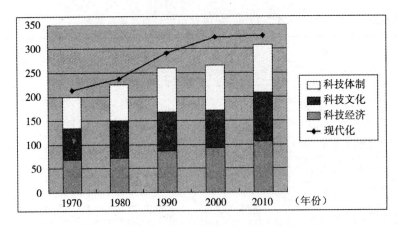

附图 2—1—1　美国 1970—2010 年科技社会与现代化进展的关系

附录 2—2　1970—2010 年日本科技社会进展与现代化进展关系评价图表集

附表 2—2—1　　　　　日本 1970—2010 年科技社会各指标数值

日本		1970 年	1980 年	1990 年	2000 年	2010 年
科技经济	R&D/GDP（%）	2	2.1	3	2.8	3.4
	R&D 科学家、工程师全时当量/万人口	33	38	57	50	51.9
	人均 R&D 支出（当年价美元）	38.94	207.69	762.9	997.36	1402.7
	高技术产品出口/工业制成品出口（%）	N	N	26.17(96)	26.69(99)	N
科技文化	中学普及率（%）	86	93	96	102(98)	102
	大学普及率（%）	31	31	31	44 (98)	58
	因特网用户/万人口	N	40	107	3710.89(01)	7800
	教育经费/GDP（%）	3.9	5.8	4.7	N	3.8
	人均教育经费（当年价美元）	75.93	573.62	1195.21	N	1396

日本		1970 年	1980 年	1990 年	2000 年	2010 年
科技体制	居民申请国内发明专利数/百万人	1254	1635	3051	2846（99）	2280
	企业研究与开发支出/研究与开发总支出（%）	N	72	81.7	72（98）	76.5
	企业研究与开发人数/研究与开发总人数（%）	N	N	64.8	65.6（98）	70.0

附表 2—2—2　　　　　日本 1970—2010 年科技社会各指标指数

日本		1970 年	1980 年	1990 年	2000 年	2010 年
科技经济	R&D/GDP（%）	83	88	120	117	120
	R&D 科学家、工程师全时当量/万人口	82	95	120	120	120
	人均 R&D 支出（当年价美元）	3	16	58	76	106
	高技术产品出口/工业制成品出口（%）	N	N	75（96）	77（99）	N
科技文化	中学普及率（%）	85	92	95	101	101
	大学普及率（%）	40	40	40	56	74
	因特网用户/万人口	N	1	1	47（01）	99
	教育经费/GDP（%）	72	107	87	N	70
	人均教育经费（当年价美元）	3	21	45	N	52
科技体制	居民申请国内发明专利数/百万人	120	120	120	120	120
	企业研究与开发支出/研究与开发总支出（%）	N	103	117	103（98）	110
	企业研究与开发人数/研究与开发总人数（%）	N	N	82	83（98）	88

注：表中科技社会各指标的指数为附表 2—2—1 中各指标数值与表 2—1 中相应各指标的基准值之百分比。

附表 2—2—3　　　日本 1970—2010 年科技社会三要素与现代化指数

日本	1970 年	1980 年	1990 年	2000 年	2010 年
科技经济	61	69	93	98	106
科技文化	40	52	54	64	79
科技体制	104	102	106	102	106
现代化	58	72	88	103	102

注：表中各指标的指数为附表 2—2—2 中相应各二级指标指数的加和平均值。现代化指数见附表 1—2—1。

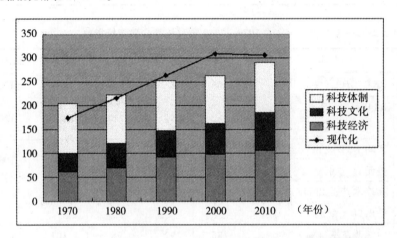

附图 2—2—1　日本 1970—2010 年科技社会与现代化进展的关系

附录 2—3　1970—2010 年英国科技社会进展与现代化进展关系评价图表集

附表 2—3—1　　　英国 1970—2010 年科技社会各指标数值

英国		1970 年	1980 年	1990 年	2000 年	2010 年
科技经济	R&D/GDP（%）	2.3	2.4	2.2	1.8	1.8
	R&D 科学家、工程师全时当量/万人口	8	17	24	27	37.9
	人均 R&D 支出（当年价美元）	50.99	190.08	354.2	439.74	654.6
	高技术产品出口/工业制成品出口（%）	N	N	27.02(96)	30.23(99)	N

续表

英国		1970 年	1980 年	1990 年	2000 年	2010 年
科技文化	中学普及率（%）	73	84	84	156（98）	106
	大学普及率（%）	20	19	25	58（98）	61
	因特网用户/万人口	N	99	241	3013.11（01）	8500
	教育经费/GDP（%）	5.3	5.6	4.9	N	6.0
	人均教育经费（当年价美元）	117.5	443.52	788.9	N	2100
科技体制	居民申请国内发明专利数/百万人	1121	744	1705	524（99）	250
	企业研究与开发支出/研究与开发总支出（%）	N	64.2	49.4	65.2（98）	60.9
	企业研究与开发人数/研究与开发总人数（%）	N	N	68.5（88）	68.5（98）	44.2

附表 2—3—2　　　　英国 1970—2010 年科技社会各指标指数

英国		1970 年	1980 年	1990 年	2000 年	2010 年
科技经济	R&D/GDP（%）	96	100	92	75	75
	R&D 科学家、工程师全时当量/万人口	20	42	60	67	95
	人均 R&D 支出（当年价美元）	4	14	27	33	50
	高技术产品出口/工业制成品出口（%）	N	N	78（96）	87（99）	N
科技文化	中学普及率（%）	72	83	83	120（98）	105
	大学普及率（%）	26	24	32	74（98）	78
	因特网用户/万人口	N	1	3	38（01）	108
	教育经费/GDP（%）	98	104	91	N	111
	人均教育经费（当年价美元）	4	17	29	N	78

续表

英国		1970 年	1980 年	1990 年	2000 年	2010 年
科技体制	居民申请国内发明专利数/百万人	120	95	120	67（99）	32
	企业研究与开发支出/研究与开发总支出（%）	N	92	71	93（98）	87
	企业研究与开发人数/研究与开发总人数（%）	N	N	86（88）	86（98）	56

注：表中科技社会各指标的指数为附表 2—3—1 中各指标数值与表 2—1 中相应各指标的基准值之百分比。

附表 2—3—3　　英国 1970—2010 年科技社会三要素与现代化指数

英国	1970	1980	1990	2000	2010
科技经济	51	60	64	66	76
科技文化	40	46	48	73	96
科技体制	94	88	92	82	58
现代化	54	64	75	92	92

注：表中各指标的指数为附表 2—3—2 中相应各二级指标指数的加和平均值。现代化指数见附表 1—3—1。

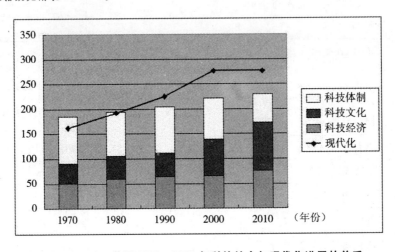

附图 2—3—1　英国 1970—2010 年科技社会与现代化进展的关系

附录2—4　1970—2010年韩国科技社会进展与现代化进展关系评价图表集

附表2—4—1　　　　韩国1970—2010年科技社会各指标数值

韩国		1970年	1980年	1990年	2000年	2010年
科技经济	R&D/GDP（%）	0.3	0.6	2.1	2.7	3.4
	R&D科学家、工程师全时当量/万人口	2	5	20	21	49.5
	人均R&D支出（当年价美元）	0.81	9.12	113.4	240.57	775.5
	高技术产品出口/工业制成品出口（%）	N	N	24.11(96)	32.2(99)	N
科技文化	中学普及率（%）	42	78	87	102(98)	97
	大学普及率（%）	16	15	39	68(98)	101
	因特网用户/万人口	N	11	38	4027.5(01)	8400
	教育经费/GDP（%）	3.5	3.7	3.5	N	4.6(12)
	人均教育经费（当年价美元）	9.45	56.24	189	N	726
科技体制	居民申请国内发明专利数/百万人	57	133	733	1189(99)	2670
	企业研究与开发支出/研究与开发总支出（%）	N	N	80.6	72.5(98)	74.8
	企业研究与开发人数/研究与开发总人数（%）	N	N	54.9	66.2(98)	68.7

附表 2—4—2　　　韩国 1970—2010 年科技社会各指标指数

韩国		1970 年	1980 年	1990 年	2000 年	2010 年
科技经济	R&D/GDP（%）	13	25	88	113	120
	R&D 科学家、工程师全时当量/万人口	5	12	50	52	120
	人均 R&D 支出（当年价美元）	0	1	9	18	59
	高技术产品出口/工业制成品出口（%）	N	N	69(96)	93(99)	N
科技文化	中学普及率（%）	42	77	86	101(98)	96
	大学普及率（%）	21	19	50	87(98)	120
	因特网用户/万人口	N	0	0	103(01)	106
	教育经费/GDP（%）	65	69	65	N	85
	人均教育经费（当年价美元）	0	2	7	N	27
科技体制	居民申请国内发明专利数/百万人	7	17	94	120(99)	120
	企业研究与开发支出/研究与开发总支出（%）	N	N	115	104(98)	107
	企业研究与开发人数/研究与开发总人数（%）	N	N	69	83(98)	87

注：表中科技社会各指标的指数为附表 2—4—1 中各指标数值与表 2—1 中相应各指标的基准值之百分比。

附表 2—4—3　　　　韩国 1970—2010 年科技社会三要素与现代化指数

韩国	1970 年	1980 年	1990 年	2000 年	2010 年
科技经济	25	30	54	69	95
科技文化	26	33	42	74	87
科技体制	7	17	93	102	105
现代化	25	35	55	84	100

注：表中各指标的指数为附表 2—4—2 中相应各二级指标指数的加和平均值。现代化指数见附表 1—4—1。

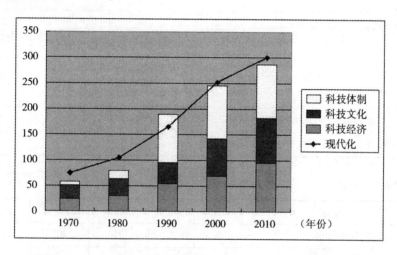

附图 2—4—1　韩国 1970—2010 年科技社会与现代化进展的关系

附录 2—5　1970—2010 年中国科技社会进展与现代化进展关系评价图表集

附表 2—5—1　　　　中国 1970—2010 年科技社会各指标数值

中国		1970 年	1980 年	1990 年	2000 年	2010 年
科技经济	R&D/GDP（%）	N	N	0.5	1	1.76
	R&D 科学家、工程师全时当量/万人口	N	N	4	5	12
	人均 R&D 支出(当年价美元)	N	N	1.85	8.4	77.4
	高技术产品出口/工业制成品出口（%）	N	N	12.43(96)	17.21(99)	32.9

续表

中国		1970 年	1980 年	1990 年	2000 年	2010 年
科技文化	中学普及率（%）	24	46	48	63（98）	83
	大学普及率（%）	1	2	2	7（98）	23
	因特网用户/万人口	0	0.09	0.16	178.22（01）	3400
	教育经费/GDP（%）	N	N	3.6	3.4（96）	3.66
	人均教育经费（当年价美元）	N	N	13.32	20.46（95）	42
科技体制	居民申请国内发明专利数/百万人	0	0	20	12（99）	220
	企业研究与开发支出/研究与开发总支出（%）	N	N	40.6（95）	44.8（98）	73.4
	企业研究与开发人数/研究与开发总人数（%）	N	N	37.2	41.1（98）	73.4

附表 2—5—2　　　　中国 1970—2010 年科技社会各指标指数

中国		1970 年	1980 年	1990 年	2000 年	2010 年
科技经济	R&D/GDP（%）	N	N	21	42	73
	R&D 科学家、工程师全时当量/万人口	N	N	10	12	30
	人均 R&D 支出（当年价美元）	N	N	0	1	6
	高技术产品出口/工业制成品出口（%）	N	N	36（96）	50（99）	96
科技文化	中学普及率（%）	24	46	48	62（98）	82
	大学普及率（%）	1	3	3	9（98）	29
	因特网用户/万人口	0	0	0	2（01）	43
	教育经费/GDP（%）	N	N	67	63（96）	68
	人均教育经费（当年价美元）	N	N	0	1（95）	2

续表

中国		1970 年	1980 年	1990 年	2000 年	2010 年
科技体制	居民申请国内发明专利数/百万人	0	0	3	2 (99)	28
	企业研究与开发支出/研究与开发总支出（%）	N	N	58(95)	64(98)	105
	企业研究与开发人数/研究与开发总人数（%）	N	N	47	52(98)	92

注：表中科技社会各指标的指数为附表 2—5—1 中各指标数值与表 2—1 中相应各指标的基准值之百分比。

附表 2—5—3　　　中国 1970—2010 年科技社会三要素与现代化指数

中国	1970 年	1980 年	1990 年	2000 年	2010 年
科技经济	N	N	17	26	51
科技文化	8	16	24	27	45
科技体制	N	N	36	39	75
现代化	21	25	26	31	47

注：表中各指标的指数为附表 2—5—2 中相应各二级指标指数的加和平均值。现代化指数见附表 1—5—1。

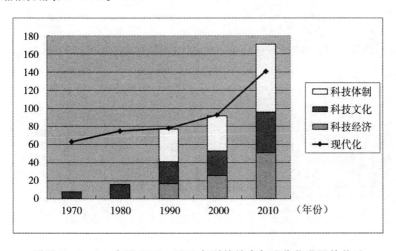

附图 2—5—1　中国 1970～2010 年科技社会与现代化进展的关系

附录三:1970—2010 年美、日、英、韩、中五国现代化指数以及科技社会比较图表集

附表 3—1　　1970—2010 年美、日、英、韩、中五国现代化指数比较

现代化指数	1970	1980	1990	2000	2010
美国	71	79	97	108	109
日本	58	72	88	103	102
英国	54	64	75	92	92
韩国	25	35	55	84	100
中国	21	25	26	31	47

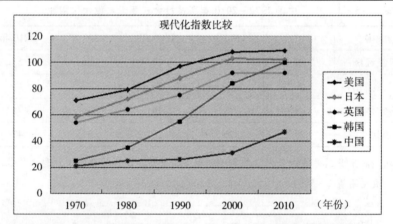

附图 3—1　1970—2010 年美、日、英、韩、中五国现代化进展比较

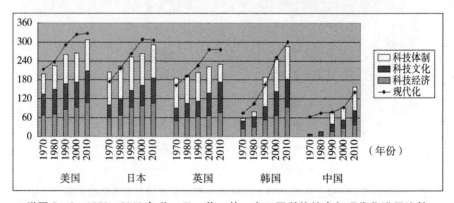

附图 3—2　1970—2010 年美、日、英、韩、中五国科技社会与现代化进展比较

附录注释：

1. 评价的基准值取该项指标 2010 年高收入国家的平均值（或为该指标最近年高收入国家平均值或该指标最近年美国的数值）。

2. 单个指标的发展指数的最高值为 120（如果超过 120，取值 120），避免单个指标过高造成评价"失真"。

3. 假设每个单指标具有"相同权重"。

4. 各国 1970—2010 年科技社会与现代化进展关系图中，现代化指数的值作了相应放大。

附录数据资料来源：

1. 中国现代化报告课题组：《中国现代化报告 2003》，北京：北京大学出版社 2003 年。

2. 中国现代化战略研究课题组，中国科学院中国现代化研究中心：《中国现代化报告 2004——地区现代化之路》，北京：北京大学出版社 2004 年。

3. 中国现代化战略研究课题组，中国科学院中国现代化研究中心：《中国现代化报告 2009——文化现代化研究》，北京：北京大学出版社 2009 年。

4. 何传启主编：《中国现代化报告 2013——城市现代化研究》，北京：北京大学出版社 2013 年。

5. 何传启主编：《中国现代化报告 2014—2015——工业现代化研究》，北京：北京大学出版社 2015 年。

6. 中国人民大学竞争力与评价研究中心研究组：《中国国际竞争力发展报告（2001）》，北京：中国人民大学出版社 2001 年。

7. 世界经济文化年鉴编辑委员会：《世界经济文化年鉴 2000/2001》，北京：中国社会科学出版社 2002 年版。

8. 上海财经大学公共政策研究中心：《2000 年中国财政发展报告——科技教育的公共政策研究》，上海：上海财经大学出版社 2000 年版。

9. 国家统计局、国家科技部：《中国科技统计年鉴 2000 年》，北京：中国统计出版社 2001 年版。

10. 江苏省统计局、国家统计局江苏调查总队编：《江苏统计年鉴（2000—2015）》，北京：国家统计出版社，http://www.jssb.gov.cn/tjxxgk/tjsj/tjnq/jstjnj2015/index_212.html。

11. 江苏省统计局网站（www. jssb. gov. cn）

12. 江苏科技统计网站（www. jssts. com）

13. 中国科技统计网站（www. sts. org. cn）

参考文献

［1］《邓小平文选》（第二卷），北京：人民出版社 1994 年版。

［2］［美］戴维·S 兰德斯：《国富国穷》，北京：新华出版社 2001 年版。

［3］［德］李斯特：《政治经济学的国民体系》，北京：商务印书馆 1996 年版。

［4］朱庆芳，吴寒光：《社会指标体系》，北京：中国社会科学出版社 2001 年版。

［5］罗荣渠：《现代化新论》，北京：北京大学出版社 1993 年版。

［6］王立人：《无锡市经济社会报告书 2006 年》，北京：中央文献出版社 2007 年版。

［7］王明初：《全面建设小康社会的目标和要求研究》，北京：中央文献出版社 2009 年版。

［8］徐东礼：《全面建设小康社会指标体系研究》，济南：山东人民出版社 2004 年版。

［9］孙关宏等主编：《政治学概论》，上海：复旦大学出版社 2008 年版。

［10］何传启：《第二次现代化》，北京：高等教育出版社 1999 年版。

［11］熊彼特：《经济发展理论》，邹建平译，北京：中国画报出版社 2012 年版。

［12］高洪深编著：《知识经济学教程》（第四版），北京：中国人民大学出版社 2010 年版。

［13］王辉耀：《人才战争》，北京：中信出版社 2009 年版。

[14] 方新：《中国科技创新与可持续发展》，北京：科学出版社2007年版。

[15] 陈筠泉，殷登祥：《科技革命与当代社会》，北京：人民出版社2001年版。

[16] 段治文：《中国现代科学文化的兴起1919—1936》，上海：上海人民出版社2001年版。

[17] 谢文蕙，邓卫：《城市经济学》，北京：清华大学出版社2008年版。

[18] 中国现代化报告课题组：《中国现代化报告2001》，北京：北京大学出版社2001年版。

[19] 中国现代化战略研究课题组，中国科学院中国现代化研究中心：《中国现代化报告2003——现代化理论、进程与展望》，北京：北京大学出版社2003年版。

[20] 中国现代化战略研究课题组，中国科学院中国现代化研究中心：《中国现代化报告2004——地区现代化之路》，北京：北京大学出版社2004年版。

[21] 中国现代化战略研究课题组，中国科学院中国现代化研究中心：《中国现代化报告2009——文化现代化研究》，北京：北京大学出版社2009年版。

[22] 何传启主编：《中国现代化报告2013——城市现代化研究》，北京：北京大学出版社2013年版。

[23] 何传启主编：《中国现代化报告2014—2015——工业现代化研究》，北京：北京大学出版社2015年版。

[24] 国家科学技术委员会：《中国科学技术政策指南（科学技术白皮书第1号）》，北京：科学技术文献出版社1986年版。

[25] ［美］R. K. 默顿：《十七世纪英国的科学、技术与社会》，成都：四川人民出版社1986年版。

[26] H. 钱纳里：《工业化和经济增长的比较研究》，上海：上海三联书店1996年版。

[27] 江苏省统计局：《江苏统计年鉴（2002—2015）》，北京：中国统计出版社2002—2015年版。

[28] 中国人民大学竞争力与评价研究中心研究组：《中国国际竞争力发展报告（2001）》，北京：中国人民大学出版社 2001 年版。

[29] 世界经济文化年鉴编辑委员会：《世界经济文化年鉴 2000/2001》，北京：中国社会科学出版社 2002 年版。

[30] 上海财经大学公共政策研究中心：《2000 年中国财政发展报告——科技教育的公共政策研究》，上海：上海财经大学出版社 2000 年版。

[31] 国家统计局、国家科技部：《中国科技统计年鉴 2000 年》，北京：中国统计出版社 2001 年版。

[32] 孟东方：《美国文化产业的发展经验及启示》，《企业文明》，2013 年第 3 期。

[33] 陈强，余伟：《英国创新驱动发展的路径与特征分析》，《中国科技论坛》，2013 年第 12 期。

[34] 陈晓晖，丛培鑫：《韩国追赶型科技创新模式中国家制度安排的特点探析》，《科技管理研究》，2013 年第 18 期。

[35] 中国科协：《第八次中国公民科学素养调查结果》，《科协论坛》，2012 年第 12 期。

[36] 路甬祥：《科学技术要走在前面——试论科学技术对现代化进程的影响》，《技术与市场》，2003 年第 3 期。

[37] 邢孝兵，王诣杉：《对外贸易与自主创新——基于企业技术创新投入的分析》，《华东经济管理》，2010 年第 7 期。

[38] 彭靖里，邓艺，李建平：《国内外技术创新理论研究的进展及其发展趋势》，《科技与经济》，2006 年第 4 期。

[39] 《中国拥有自主知识产权企业仅占万分之三》，《广西经济》，2006 年第 3 期。

[40] 徐冠华：《关于创建创新型国家的几个重要问题》，《中国软科学》，2006 年第 10 期。

[41] 刘兴远：《江苏苏南现代化进程测度与解析》，《江苏统计》，1996 年第 5 期。

[42] 唐茂华：《东西方城市化进程差异性比较及借鉴》，《国家行政学院学报》，2007 年第 5 期。

［43］刘美平：《我国低碳经济推进与产业结构升级之间的融合发展》，《当代财经》，2010 年第 10 期。

［44］居占杰：《我国城乡关系阶段性特征及统筹城乡发展路径选择》，《江西财经大学学报》，2011 年第 1 期。

［45］刘福林，吴权：《苏南基本实现现代化的基础和追求目标》，《江苏基本实现现代化理论研讨会论文集》，中共江苏省委研究室，2012 年 7 月。

［46］梁保华：《大力推进经济转型升级》，《无锡日报》，2010 年 1 月 26 日第 1 版。

［47］《加快转型发展，苏南在领跑中提升》，《无锡日报》，2010 年 4 月 7 日第 A7 版。

［48］高颖：《纺织业加快向总部经济转型》，《无锡日报》，2010 年 5 月 13 日第 1 版。

［49］周晓方，陈景秋：《创新型经济引领无锡转型之路》，《无锡日报》，2010 年 3 月 8 日第 5 版。

［50］孟庆利：《我国 99% 的企业没有申请专利》，《羊城晚报》，2009 年 10 月 9 日。

［51］李亚杰：《中央人才工作协调小组负责同志就〈国家中长期人才发展规划纲要（2010—2020）〉答记者》，《光明日报》，2010 年 6 月 9 日第 2 版。

［52］中华人民共和国：《国家中长期人才发展规划纲要（2010—2020)》，《光明日报》，2010 年 6 月 7 日第 10 版。

［53］逢锦聚：《经济发展方式转变与经济结构调整》，《光明日报》，2010 年 2 月 23 日第 10 版。

［54］杨晶晶，林长华：《以制度创新加快转变经济发展方式》，《光明日报》，2010 年 5 月 6 日。

［55］洪银兴：《推进现代化需要转向创新驱动》，《光明日报》，2011 年 3 月 3 日第 9 版。

［56］南方网：《我国八成新产品由中小企业创造》，2006 年 2 月 5 日。

［57］华龙网：《英国低碳转型之交通转型计划》，2009 年 8 月 25 日。

［58］新华网：《利用率只有 25％　我国大型科研装备利用率低》，2003 年 7 月 24 日。

［59］江苏省科技厅、江苏省统计局：《2009 年各市科技进步统计监测综合评价结果》，2010 年 11 月 23 日。

［60］中华人民共和国教育部：《2014 年全国教育事业发展统计公报》，2015 年 7 月 30 日。

［61］国家统计局，科技部，国家发展改革委，教育部，财政部，国防科工局：《第二次全国科学研究与试验发展（R&D）资源清查主要数据公报（第四号）》，2010 年 11 月 22 日。

［62］国家统计局，科学技术部，财政部：《2013 年全国科技经费投入统计公报》，2014 年 10 月 23 日。

［63］科学技术部发展计划司：《2009 全国及各地区科技进步统计监测结果》，2010 年 10 月 4 日。

［64］科学技术部创新发展司：《科技统计数据 2014》，2015 年 8 月 23 日。

［65］科学技术部发展计划司：《科技统计报告 2013 年第 16 期（总第 551 期）——2012 年规模以上工业企业 R&D 活动分析》，2013 年 12 月 26 日。

［66］科学技术部创新发展司：《科技统计报告第 2015 年第 7 期（总第 564 期）——2013 年中国科技论文统计分析》，2015 年 2 月 26 日。

［67］科学技术部创新发展司：《科技统计报告 2015 年第 13 期（总第 570 期）——2013 年我国专利统计分析》，2015 年 3 月 12 日。

［68］科学技术部创新发展司：《科技统计报告 2015 年第 15 期（总第 572 期）——2013 年我国科技人力资源发展状况分析》，2015 年 3 月 12 日。

［69］科学技术部创新发展司：《科技统计报告 2015 年第 16 期（总第 573 期）——2013 年我国高等学校 R&D 活动分析》，2015 年 3 月 12 日。

［70］科学技术部创新发展司：《科技统计报告 2015 年第 10 期（总

第 567 期）——2013 年规模以上工业企业 R&D 活动分析》，2015 年 2 月 28 日。

　　[71] 科学技术部发展计划司：《2014 全国及各地区科技进步统计监测结果（一）》，2015 年 2 月 11 日。

后 记

本书是笔者近十多年来在科技创新与现代化领域所开展的研究的一个总结。2001 年，本人承担了江苏省社科基金项目"科学技术在现代化进程中的作用机制研究"，自此，科技与现代化及其关系研究成为我的主要研究方向，2007 年，在该课题研究的基础上，本人又申报立项了江苏省社科基金项目"苏南率先基本实现现代化理论与对策研究"，对苏南现代化进行了多方位的研究，取得了一系列的研究成果，此书稿可以说是对这两个课题的研究成果以及后续研究成果的一个书面的总结，假如此书的出版能给予读者一些启发，就是本人的期盼和莫大的荣幸了。

本书是在两个省社科基金项目的基础上结合后续研究的成果而形成的，首先要感谢与我一起开展两个课题研究的几位同事也是朋友，他们的贡献使课题得以顺利完成并富有特色。感谢顾燕、唐建荣，在开展"科学技术在现代化进程中的作用机制研究"这一课题的研究工作中，帮助设计图表并进行相关研究；感谢赵向红、徐礼红、郑煜，在开展"苏南率先基本实现现代化理论与对策研究"这一课题研究的工作中，帮助设计指标体系、开展有关研究、整理研究报告等，正是这几位课题组成员的积极贡献，使前后两个省社科基金项目顺利完成，为此书的出版奠定了较好的基础。

本书虽然篇幅不算长，但所花费的精力却是并不少，书中还有大量的数据资料，需要收集、计算和整理，从完成两个课题到完成书稿，又经历了较长的时间，在此我要感谢在这一较长时间段内我带过的几位研究生，感谢李希、庄璟、杨志、潘翰翔、顾岑、邹骏、杨永浦、江慧，他们为课题和此书资料的收集、特别是数据的收集和计算整理，付出了不少时间和精力；感谢杨永浦在书稿最终形成过程中，帮助调整了书稿的注释、正文和附录的格式，此书能得以出版，离不开他们的付出和帮助，在此我一并表示深深的感谢。

在本书的写作过程中，参考了大量的文献，在此向被我直接或间接引用过的作者表示衷心的感谢。

本书稿的出版，有幸得到中国社会科学出版社冯春凤主任的大力支持，专此致以由衷谢忱。

由于作者水平有限，书中难免存在疏漏与不妥之处，祈望读者和专家学者不吝赐教，批评指正。

张云霞

2016 年 5 月于江南大学·无锡